Südtirols schönste Burgen

Alexander von Hohenbühel

Südtirols schönste Burgen

Erlebnisreiche Ausflüge ins Mittelalter

Folio Verlag Wien – Bozen

Gedruckt mit freundlicher Unterstützung der Abteilung Deutsche Kultur der Autonomen Provinz Bozen – Südtirol

HINWEIS

Alle Angaben erfolgen nach bestem Wissen und Gewissen. Sämtliche Informationen wurden gewissenhaft recherchiert, doch Ruhetage oder Öffnungszeiten können sich kurzfristig ändern. Daher empfehlen wir Ihnen, sich vorher zusätzlich telefonisch zu informieren. Die beschriebenen Wanderungen werden auf eigenes Risiko unternommen; Autor und Verlag übernehmen keinerlei Haftung.

SYMBOLE

- Informationen
- Öffnungszeiten
- Eintrittspreise
- Erreichbarkeit
- Öffis
- Parken
- Einkehr
- Shopping

BILDNACHWEIS

Amt für Bau- und Kunstdenkmäler, Abteilung Denkmalpflege, Bozen: S. 73 o.l., 73 o.r., 73 u.r., 118, 119 o., 119 u. | Arena, Ruggero: S. 8–9, 12, 24, 28–29 l., 30, 38, 41 l., 42–43 l., 46, 60–61, 66–67, 69, 70–71, 76, 83, 84, 90–91, 111, 116, 128, 132, 136 | Blickle, Frieder: S. 2, 14, 16 r.–17, 18, 54–55, 141 | Brunnenburg: S. 31 | Churburg: S. 10, 11, 13 | EM2 Architekten: S. 129, 130, 131 | Folio Verlag: S. 56, 57 l., 57 r. (Hermann Gummerer) | Hofburg Brixen: S. 102, 103, 104, 105 | Kastelbell: S. 16 l. (Franz Tapfer) | Kuratorium Schloss Welsperg, Foto Archiv: S. 138, 142 (Dragonfly – Andreas Moser), 139, 140 l., 140 r. (Brunhilde Rossi Agostini) | Landesfürstliche Burg: S. 34 r., 35, 36 l., 36 r., 37, 43 r. | Messner Mountain Museum: S. 19 (Tappeiner), 20 r., 23, 68 (Magdalena Messner), 21 (Schlosswirt Juval), 20 l., 22 | IDM Südtirol: S. 50–51 (Alex Filz) | Museum Ladin, Ciastel de Tor: S. 124 (Herwig Prinoth), 125 (Ivan Irsara), 126, 127 (Georg Hofer) | Museum Passeier: S. 44 (design. buero Albert Pinggera), 45 Mitte (Oskar Verant) | Schloss Lebenberg: 52 l., 52 r., 53 (Karl Heinz Macek) | Schloss Prösels: S. 86, 87, 88 l., 88 r. | Schloss Reifenstein: S. 107, 108 | Schloss Schenna: S. 47, 48, 49 | Schloss Tirol: S. 26 l., 26 r. (Frank Wing), 27 (Arno Gisinger), 95, 96, 97, 98, 99 (Oskar Verant) | Schloss Wolfsthurn: S. 112, 113, 114, 115 (Hermann Maria Gasser) | Stadt Bozen: S. 62–63, 64 l., 64 r. (Peter Daldos, Spherea3d) | Südtiroler Burgeninstitut: S. 29 r., 92, 93 r. (Südtiroler Burgenmuseum Trostburg), 34 l. (Rüdiger Bernges), 45 l., 45 r. (ARX-Archiv/Christoph Gufler), 72, 75 (Toni Seppi), 73 u.l. (TV Eppan), 78, 79, 80 l., 80 r., 81 (Peter Daldos), 134 l., 134 r., 135, 137 | Torggler, Armin: S. 93 l., 120 | Touriseum: S. 39, 40, 41 r. | Wikipedia: S. 106 (Matthias Süßen, CC-BY-SA 4.0), 109 (Llorenzi, CC BY-SA 3.0) | Umschlagbild: Churburg; Foto: Frieder Blickle

Lektorat: Hermann Gummerer
Korrektorat: Joe Rabl
Grafik: no.parking, Vicenza
Druckvorstufe: Typoplus, Frangart
Printed in Italy
ISBN 978-3-85256-743-3
www.folioverlag.com

INHALT

Vorwort 6

1 **Churburg**, Schluderns 8
2 **Kastelbell**, Kastelbell-Tschars 14
3 **Juval**, Kastelbell-Tschars 19
4 **Tirol**, Dorf Tirol 24
5 **Brunnenburg**, Dorf Tirol 28
Exkurs: Burgenromantik 32
6 **Landesfürstliche Burg**, Meran 34
7 **Trauttmansdorff**, Meran 38
8 **Jaufenburg**, St. Leonhard in Passeier 42
9 **Schenna**, Schenna 46
10 **Lebenberg**, Tscherms 50
11 **Neuhaus oder „Maultasch"**, Terlan 54
12 **Runkelstein**, bei Bozen 60
13 **Sigmundskron**, Bozen 66
14 **Hocheppan**, Eppan 70
15 **Moos**, Eppan 78
16 **Haderburg**, Salurn 83
17 **Prösels**, Völs am Schlern 86
18 **Trostburg**, Waidbruck 90
19 **Velthurns**, Feldthurns 95
Exkurs: Mehr an Wohnkomfort und adeliger Repräsentation . 100
20 **Hofburg**, Brixen 102
21 **Reifenstein**, bei Sterzing 107
22 **Wolfsthurn**, Ratschings, Mareit 111
23 **Rodenegg**, Rodeneck 117
Exkurs: Herrschaft – Verwaltung, Recht und Sicherheit . . 122
24 **Thurn (Ciastel de Tor)**, St. Martin in Thurn 124
25 **Bruneck**, Bruneck 128
26 **Taufers**, Sand in Taufers 133
27 **Welsperg**, Welsberg 138

Vorwort

780 historische Adelsbehausungen und Wehranlagen stellen einen integralen Teil der Südtiroler Landschaft dar. Wohntürme und neuzeitliche Ansitze bereichern das Ortsbild der Dörfer und Städte. Von einstmals 192 mittelalterlichen Burgen geben sich heute rund 80 markante Baudenkmäler als wesentliche Zeugnisse der Landesgeschichte zu erkennen. Viele sind öffentlich zugänglich oder als stattliche Ruinen zu bewundern.

Burgenbau in Südtirol

Frühmittelalterliche Schutz- und Fluchtburgen befinden sich gerne an gut verborgenen und schwer zugänglichen Orten. Häufig gab es an solchen Plätzen bereits eine vorgeschichtliche Besiedlung (Wallburgen) oder antike bzw. frühmittelalterliche Befestigungsanlagen. Die aus dem 9. bis 11. Jh. bekannten Verwaltungsburgen **Wipitina** (Reifenstein?) bei Sterzing, **Formigar** (Sigmundskron) bei Bozen, **Säben** bei Klausen, **Sonnenburg** bei St. Lorenzen oder die **Zenoburg** bei Meran fanden auf nur kleinen Anhöhen eine geeignete Lage. In der klassischen Burgenzeit, im 12. und 13. Jh., errichteten vor allem die Bischöfe von Chur, von **Brixen** und von **Trient** als weltliche Fürsten ihre Burgen als Höhenburgen. Ihnen gleich taten es die eingesetzten Grafen und insbesondere deren *advocati* – oder zu Deutsch ihre Vögte; ebenso der auf seinen Eigengütern sitzende Adel, die zunehmend eine Territorialherrschaft anstrebenden Freiherren oder sogenannten Edelfreien. Unter diesen treten vor allem die Grafen von **Tirol**, **Eppan** und

Ulten, die Herren von **Wangen** und **Burgeis**, von **Enn** und **Taufers** in Erscheinung. Allmählich auch bischöfliche Vasallen, wie die Herren von **Montalban**, von **Rodank** und **Schöneck**, von **Kastelruth** oder im Raum Innichen die älteren Herren von **Welfsperg**. Vor allem ab dem 13. Jh. versuchen schließlich ritterliche Dienstmannen der Bischöfe und der eben genannten Dynasten – obwohl sie mitunter auch unfreier oder bürgerlicher Abstammung waren –, mit dem Bau von Wohntürmen oder sogenannten *Ministerialenburgen* ihre neu erworbene Führungsposition auszubauen. Sie werden auch den maßgeblichen neuzeitlichen Adel begründen.

Ab der Mitte des 14. Jh. erheben Könige und Fürsten zu Ansehen gelangte Geschlechter und Personen mittels einer Privilegierungsurkunde in den Adel. Dieser neuere „Briefadel" (siehe auch S. 101) hinterlässt mit seinen jeweiligen Sitzen, den vom Landesherrn zu Ansitzen erhobenen Häusern, ein bemerkenswertes Erbe.

Aufgabe und Bauweise

Die zunehmende Bedeutung der wehrhaften Verteidigung und Herrschaftssicherung lässt aus der antiken Flieh- und Schutzburg die mittelalterliche Veste entstehen. Sie ist ein Wehrbau, der den Inhabern von Herrschaftsrechten mit deren Familien und Dienerschaft einen möglichst autarken Lebensraum bietet. Form, Standort und Erscheinungsbild der einzelnen Bauteile sind zwar modischen und regionalen Entwicklungen unterworfen, werden aber in erster Linie vom aktuellen Wehrbedürfnis und der Geländeform bedingt. In der Regel schützen ein Bergfried (Turm) oder hohe und starke Mauern den Palas (Wohngebäude) und die dazugehörenden Wirtschaftsgebäude und Einrichtungen wie Keller, Lagerräume, Stallungen, Brunnen oder Archiv. Zwinger, Ringmauern, Gräben, Zugbrücken, Palisaden und Wälle dienen der zusätzlichen Verteidigung, ebenso Wehrgänge und -türme, Zinnen, Sturmpfähle und Gusserker. Nicht selten übernimmt auch die Kapelle eine gewisse Schutzfunktion.

Wehrhaftigkeit wird bisweilen auch vorgetäuscht, so erfüllt nicht jede vermeintliche Schießscharte auch tatsächlich ihre Aufgabe, ebenso können Burgennamen, Sagen und Erzählungen abschreckende Wirkung entfalten.

Das vorliegende Buch möchte Sie nun zu den schönsten mittelalterlichen Burgen, Schlössern und Ruinen in Südtirol begleiten. Dabei wird auf burgenkundliche Details, auf Wissenswertes und auch auf das eine oder andere Amüsante aus der Geschichte sowie auf Besichtigungs-, Einkehr- und Wandermöglichkeiten hingewiesen.

Alexander von Hohenbühel

1 Churburg

Schluderns

Die Burg liegt auf einem von Natur aus wenig geschützten Hügel, beherrscht aber weit sichtbar den oberen Vinschgau. Nicht ohne Grund. Wie ihr Name verrät, wurde die Burg von den Bischöfen von Chur errichtet. Selbstbewusst stellten diese bis 1259 mit einer bereits weitläufig angelegten Burg ihren Einfluss auf das Gebiet zur Schau. Der massige Bergfried und der stattliche Palas bilden noch heute einen Blickfang.

Die Stärke des Bischofs war aber vorgetäuscht: Schon vierzig Jahre später befand sich die Burg in den Händen ihrer Gegner, der Vögte von Matsch. Deren Erben, die Grafen Trapp, verwandelten die Burg durch großzügige Zu- und Umbauten in ein repräsentatives Schloss, das sie bis heute bewohnen.

BESICHTIGUNG

Die Besichtigung ist nur mit Führung möglich (Dauer ca. 1 Stunde) und schließt mit **Jakobszimmer** und **Bibliothek** die schönsten Räume ebenso ein wie den großartigen **Arkadengang**, den Ahnensaal, den Wehrgang, die **Rüstkammer**, die alte Burgkapelle und den alten Pferdestall (heute Souvenirgeschäft). Außerdem zu sehen: Gartenterrasse (Wartesaal), äußerer Burghof und die Jakobskapelle.
Die große private **Rüstkammer** ist von europäischer Bedeutung und umfasst rund 50 vollständige Rüstungen, darunter die eines 2,10 Meter großen Mannes und eine Kinderrüstung. Die Prunkrüstungen können ab 1360/90 namentlich bekannten Vertretern der Familie zugewiesen werden! Manchmal dürfen Besucher ein Stück aus der Rüstkammer in die Hand nehmen oder ein Kettenhemd anprobieren!

Rüstungen und Wappen

Die Rüstung ist das gepanzerte Eisenkleid des Ritters und mitunter auch seines Rosses und seiner Knappen. Um den Ritter im Feld oder bei Schaukämpfen, den sogenannten Turnieren, dennoch zu erkennen,

wurden Schild, Helm oder andere Rüstungsteile mit besonderen Zeichen geschmückt. Sie sollten den Ritter unverwechselbar machen. Diese mit Zeichen versehenen „Waffen“ – man unterschied damals begrifflich noch nicht zwischen Kampfgerät und Schutzwaffe – wurden ab dem 12. Jh. als Wappen bezeichnet. Bald wurden diese Zeichen – mehr oder minder unverändert – von Generation zu Generation vererbt. Das Wappenbild wurde stellvertretend für eine Person oder Institution als Bild aufgemalt oder in Stein geschnitten. Ins heiße Wachs gedruckt nennt man sie Siegel, die als eine Art Unterschrift beispielsweise auf Urkunden rechtliche Bedeutung hatten.

WAS WAPPEN UNS ERZÄHLEN

Die Kenntnis um das Wappenwesen – dazu gehören auch Flaggen und Fahnen – nennt man Heraldik. Sie hat bis heute eine gewisse Bedeutung, wenn sie auch zunehmend vom Logo abgelöst wird.
Insbesondere alte Wappenbilder sprechen eine einfache, leicht verständliche Sprache, da sie rasch zugeordnet werden mussten. Wie die heutigen Straßenschilder bedienten sie sich oft nur grafischer Elemente oder stilisierter Darstellungen aus der Natur oder menschlicher Erzeugnisse in klar erkennbaren Farben, etwa Blau, Rot, Schwarz oder Grün, meist in der Kombination mit einer Metallfarbe – Gold (gelb) oder Silber (weiß).
Der Fantasie der Wappenbilder waren kaum Grenzen gesetzt. Manche nehmen lautmalerisch den Namen des Wappenträgers auf, das sind dann „sprechende Wappen“. So führen etwa die Herren von Helfenstein einen „(H-)Elefant“ im Schild, die Trapp eine Trappe oder die Wolkenstein einen Wolkenschnitt.

Trotz ihrer rechtlichen Bedeutung und ihres offiziellen Charakters erfüllten Wappen stets auch einen dekorativen Auftrag und haben dadurch kunsthistorische Bedeutung. Ihre Art der Darstellung hilft heute bei Datierungen und Zuordnungen von Kunst- und Bauwerken.

Ab dem 13. und bis in das 16. Jh. orientierte sich das Wappenwesen in seiner künstlerischen Gestaltung am ritterlichen Turnierspiel. Den Turnierrüstungen und -schilden kam damit ein großer Vorbildcharakter zu. Später konnte sich die Wappenkunst freier entfalten, sodass spätere Wappenschilde nur mehr ansatzmäßig echten Waffen bzw. Rüstungsteilen ähneln.

Jakobszimmer

Die reiche künstlerische Ausstattung des Jakobszimmers lässt das Auge kaum zur Ruhe kommen. Schon die Tür mit ihren Einlegearbeiten in Holz, die Bemalung der Tür- und Fensterlaibungen (z. B. mit kochenden Putti) und die opulente Portalgestaltung sind sehenswert. Die Friesmalereien unterhalb einer reichen Kassettendecke erinnern in sechs gefällig zarten und doch detailreichen Allegorien an die zwölf Monate eines Jahres. Beinahe mahnend zieht in den Wintermonaten November und Dezember der Gott des (vollen) Bauches vorüber. Die eigentlichen Glanzpunkte dieses Raumes könnte man fast übersehen: eine prachtvolle und funktionstüchtige **Tischorgel** aus dem Jahre 1559, eine lebensgroße **Porträtstatue Jakobs VII.** von Matsch und dessen knapp 500 Jahre alter und noch gut erhaltener **Mantel**, den er auf einer Pilgerreise nach Jerusalem trug.

Arkadengang

Im äußeren Burghof angelangt, durchschreitet der Besucher zwischen Palas und älterer Burg ein Rundbogentor und gelangt in einen rechteckigen Innenhof und über eine großzügige Treppe in das Obergeschoß. Er wird dort unweigerlich von der enormen Ausstrahlung eines breit angelegten und gewölbten Arkadengangs eingenommen. Luftig und bunt bemalte Wandflächen werden von dunkelroten Gewölberippen gegliedert. Kunstvoll gefertigte Marmorsäulchen tragen die offene Loggia. Derartige Bogengänge verdanken wir der Renaissance, die im zweiten Jahrzehnt des 16. Jh. auch diesen Landstrich erreichte (Trostburg, 1514; Prösels – noch mit Spitzbögen, 1517; Ehrenburg, 1522; Tarantsberg, 1535/40). Der Churburger Arkadengang entstand 1518 in einer ersten und um 1570 in einer zweiten Phase und zeigt im Uhrzeigersinn den Stammbaum der Grafen Trapp von Matsch. An den Wänden sind verschiedene Inschriften, römische Köpfe, Vögel, Tiere und Fabelwesen zu entdecken sowie Narrenbilder mit Sinnsprüchen, die von der hohen Bildung der Auftraggeber berichten. 1908 und 1995 wurden die Fresken restauriert.

ZUM BERG- UND LEITENWAAL

Der Besuch der Churburg lässt sich gut mit einer sehr schönen Waalwanderung verbinden. Ab der Churburg auf Weg Nr. 20 hinauf zum **Bergwaal** und auf diesem taleinwärts bis kurz vor der Waalfassung. Dort geht es auf die gegenüberliegende Bachseite und auf dem **Leitenwaal** (Nr. 17) wieder talauswärts, bis links Weg Nr. 18 wieder hinunter nach Schluderns führt. Kurz vor erwähnter Abzweigung bietet sich der Besuch der sehenswerten **archäologischen Stätte Ganglegg** an. → *Gehzeit: ca. 2½–3 h, knapp 7 km, 290 Hm*

INFOS IN KÜRZE

Schloss Churburg, Churburg 1, Schluderns, Tel. 0473 615241, www.churburg.com

Geöffnet Ende März – Ende Okt.: 10–12, 14–16.30 Uhr, Führungen alle 15 Min., letzter Einlass 12 bzw. 16.30 Uhr, Gruppenanmeldung erwünscht; Mo. Ruhetag, ausgenommen Feiertage

Erwachsene: 10 € (Familien: 22 €), Gruppenermäßigungen (min. 15 Personen): Erwachsene: 8 €, Schüler: 4 €, Studenten: 5 €

Die Churburg liegt oberhalb von Schluderns im Vinschgau. Die Zufahrt ist gut ausgeschildert. Vom Bahnhof Schluderns bzw. vom Dorfplatz ist die Burg in etwa 15 Min., vom Burgparkplatz in wenigen Gehminuten zu erreichen.

Vinschgerbahn, Bahnhof Schluderns

Kostenloser Besucherparkplatz für Pkw (keine Reisebusse und Camper) unterhalb der Burg

In der Churburg gibt es keine Einkehr.
Hotel Burggasthof „Zum weißen Rössl", in der Nähe der Churburg gelegen, gute einheimische Küche, Meranerstraße 3, Schluderns, Tel. 0473 615300, 339 5000593
Restaurant Ortler, gute Pizza und Südtiroler Küche, Glurnser Str. 2, Schluderns, Tel. 342 1051550
Restaurant Bar Helene, Pension mit Restaurant, italienische und Südtiroler Hausmannskost, Quair-Straße 12, Schluderns, Tel. 0473 615272

Dorflodn Vinschgau Lebensmittelhändler mit originellem Kleinimbiss, Tische im Hof, regionale Produkte, Churburggasse 3A, Schluderns, Tel. 0473 614139, www.dorflodn-vinschgau.com, Mo.–Fr. 8–12.30 und 15–18.30 Uhr, Sa. 8–16 Uhr, So. geschlossen

2 Kastelbell

Kastelbell-Tschars

Von Weitem sichtbar erstreckt sich die Burg Kastelbell über einen steil zur heutigen Vinschgauer Staatsstraße abfallenden Felsen im gleichnamigen Dorf. Die Geschlossenheit der Anlage, die keinen Bergfried aufweist, aber intensiv mit Befestigungsanlagen aus der Zeit Kaiser Maximilians I. und bis um 1600 ausgestattet wurde, täuscht ein wenig über den älteren Kern der Burg hinweg.

Kastelbell wird 1238 erstmals erwähnt und ist eine Gründung der einst mächtigen Herren von Montalban. Um 1290 gelangt diese Burg an die Grafen von Tirol-Görz, die in ihr einen Gerichtssitz errichten. Ab 1531 war die Burg im Besitz der Herren, Freiherren und Grafen von Hendl. Nach Bränden in den Jahren 1813 und 1824 war die Burg in Teilen zur Ruine geworden. Nach umfangreichen Wiederherstellungsarbeiten gelangte das Schloss an das Land Südtirol und in die Verwaltung der Gemeinde Kastelbell-Tschars.

BESICHTIGUNG

Die Burg ist im Rahmen von Führungen für Besucher geöffnet. Von einem malerischen **Innenhof** aus können die beeindruckende **Küche** und etliche Säle, die „gräfliche Wohnung“ und die sehenswerte **Burgkapelle** besichtigt werden. In den großen, einst mit Fresken ausgestatteten Sälen des Palas finden regelmäßig Kunstausstellungen und kulturelle Veranstaltungen statt.

Burgkapelle

Die Burgkapelle geht auf das Jahr 1317 zurück und stand ursprünglich frei. Eine große Darstellung des hl. Christophorus schmückte die östliche Außenwand. Im Inneren war die Kapelle, die noch eine Flachdecke aufwies, ebenfalls mit Malereien geschmückt. Freskenreste an der Altarnische und am Triumphbogen der Apsis verweisen auf eine zentrale Darstellung der Dreifaltigkeit. Geweiht war die Kapelle schon damals der Hl. Jungfrau und allen Heiligen (1. November).

DER PATRON DER REISENDEN

Die Legende vom Riesen Christophorus, der unter größter Mühe ein Kind durch einen reißenden Fluss trug und in diesem Jesus Christus erkannte, war weit verbreitet. Reisende verehrten den Heiligen als einen Nothelfer, so sollte bereits der morgendliche Anblick seines Bildes bis zum Abend Schutz gegen einen plötzlichen und „unbußfertigen“ Tod bieten. Möglicherweise führte früher die Landstraße durch den heutigen hinteren Burghof, jedenfalls aber nördlich an der Burgkapelle vorbei, sodass das Fresko gut zu sehen war.

Um 1390 wurde die Kapelle neu gestaltet. Zentrales Thema blieb die Darstellung der Dreifaltigkeit. Die mittelalterliche „Not Gottes“ wurde später von Martin Luther als „thronus gratiae“ („**Gnadenstuhl**“) gedeutet: Dabei sitzt Gottvater auf dem Thron und hält das zu seinen Füßen aufgerichtete Kreuz mit dem Gekreuzigten. Auf dem Kreuzesstamm thront zugleich das Jesukind, das von Maria, die an der Brustpartie Gottvaters erscheint, liebevoll in Händen gehalten wird. Die „Mutter des Erbarmens“ ersetzt hier bemerkenswerterweise die Taube bzw. den Hl. Geist als dritte göttliche Gestalt. Auf jede dieser Gestalten blicken mit ausdrucksvollen Augen Engel in liturgischen Gewändern und mit gekreuzten Armen, die die Szenerie umgeben. Interessant ist die **Verkündigungsszene** in der reich geschmückten Kapelle: Bei dieser fliegt der Hl. Geist in Gestalt einer Taube auf das Haupt Mariens zu.

Der Kirchenraum wurde 1593 mit einem Gewölbe versehen und neu gefasst, wobei das Wappen des Landesfürsten deutlich ins Auge fällt. Überraschend ist eine Darstellung der **Apostel**, die sich gegenseitig Sätze aus dem Glaubensbekenntnis vorsagen. Die Sprechrichtung wird dabei mitunter als Spiegelschrift erkennbar. An den Gewölbeflächen fallen aufgemalte Pflanzen auf, teilweise sind es Heilkräuter, anderenteils Früchte.

Lehenswesen

Eine Burg, ein Land oder ein Amt zu verleihen oder „zu Lehen zu geben" war im Mittelalter nichts Ungewöhnliches, sondern im Gegenteil für das Land und die Gesellschaft bestimmend: Statt einem Vasallen das Alleineigentum (Allod) an einer Burg zu übergeben, überließ der Landesherr seinem Vasallen nur das Nutzungsrecht (Feudum). Damit verlieh er ein Land oder ein Amt als Lehen, ohne dass sein Anspruch oder Einfluss darauf auf ewig verloren gingen. Für diesen gewährten „Schutz" blieb ihm der Lehensnehmer durch den Eid in Form von Kriegsdienst bzw. Steuerleistung in Treue verpflichtet. Abgesehen davon konnte er aber über das Lehen weitgehend frei verfügen und dieses sogar vererben. Blieb der Lehensträger in der Gnade seines Herrn, konnte er sich auch weitere Vorteile erhoffen. Beim Tod des Lehensherrn oder des Lehensträgers wurde der Lehensbrief neu ausgestellt; gab es keine Erben, fiel das Lehen wieder an den Lehensherrn zurück.

SCHULDEN VERJÄHREN NICHT!

Die Ursprünge von Burg Kastelbell reichen in das 13. Jh. zurück. 1531 gab der Landesherr den späteren Grafen Hendl die Burg Kastelbell zu **Lehen**, wobei es sich um kein gewöhnliches Lehen handelte, sondern um ein Pfandlehen. Der Landesherr war bei den Hendl offenbar verschuldet und hatte ihnen die Burg und die Gerichtsherrschaft Kastelbell zum Pfand verliehen. Sie konnten darüber frei verfügen, um sich die ihnen zustehenden Zinsen zu erwirtschaften. Das Lehenswesen wurde im 19. Jh. abgeschafft, die verbriefte Schuld aber blieb bestehen. Es vergingen 450 Jahre, bis der Rechtsnachfolger des Grafen von Tirol, die Republik Italien, sich an dessen Schulden erinnerte und dessen Recht einforderte. Die hohen Schulden von damals waren durch die Geldentwertung zur Bagatelle geschrumpft. Die Republik löste nun „ihr Pfand" aus und beanspruchte die Burgübergabe von Elvira (†1998), der letzten noch lebenden Gräfin Hendl. Die Burg sollte für den italienischen Staatspräsidenten als Sommerresidenz adaptiert werden. Während Gräfin Hendl ihre letzten Lebensjahre in der Grafenwohnung verleben durfte, unternahm der Staat umfangreiche Wiederherstellungsarbeiten. Mit deren Abschluss gelangte die Burg in Landeseigentum und in der Folge unter die Verwaltung der Gemeinde Kastelbell-Tschars, die sie der Öffentlichkeit zugänglich machte.

AUF DEM LATSCHANDERWAAL

Eine einfache Wanderung (Markierung Nr. 3) führt ab dem Bahnhof Goldrain über Schloss Goldrain und Schloss Kastelbell zum Bahnhof Kastelbell. Rückkehr mit der Vinschgerbahn. Ab Latsch ist der Latschanderwaal wasserführend. Nur halb so lang ist die Strecke, wenn man am Bahnhof Latsch startet und nahe dem Kreisverkehr am östlichen Dorfeingang von Latsch zum Waalweg aufsteigt.

→ *Gehzeit ab Goldrain: ca. 2½ h, 7,5 km, 45 Hm im Anstieg, 130 Hm im Abstieg*

INFOS IN KÜRZE

Schloss Kastelbell, Schlossweg 1, Kastelbell, www.schloss-kastelbell.com (Info: Tourismusverein Kastelbell-Tschars, Tel. 0473 624193, info@kastelbell-tschars.com)

Geöffnet Ende Apr. – Ende Okt.: Di.–Sa. 14–18 Uhr, So. 11–18 Uhr, Mo. Ruhetag. Führungen und Veranstaltungen siehe Website

Erwachsene: 6 €, Kinder bis 14 Jahre frei

Auf der Burg gibt es keine Einkehrmöglichkeit, jedoch in der nahen Ortschaft.

Schloss Kastelbell liegt wenige Minuten oberhalb von Kastelbell. Sehr beschränkte Parkmöglichkeiten. Vom Parkplatz am Bahnhof Kastelbell ist das Schloss aber in nur 10 Min. erreicht.

Vinschgerbahn, Bahnhof Kastelbell-Tschars

Kein Parkplatz in Schlossnähe, Parkplatz am Bahnhof

In Schloss Kastelbell gibt es keine Einkehrmöglichkeit.

Restaurant Kuppelrain, unmittelbar neben dem Bahnhof Kastelbell, Gourmet-Restaurant, 10–17 Uhr Bistro-Küche, Tel. 0473 624103, So. und Mo. Ruhetag, www.kuppelrain.com.

Buschenschank Pfraum, Bauernwirtschaft in schöner Aussichtslage etwas oberhalb von Schloss Kastelbell, Tel. 0473 624220

[3] Juval

Kastelbell-Tschars

In ausgesetzter Lage oberhalb der Mündung des Schnalstales in das Etschtal – 927 Meter über dem Meeresspiegel – liegt die Burg Juval. Keine Burg ist enger mit einer Person der Gegenwart verknüpft als diese! Reinhold Messner, der bekannte Südtiroler Extrembergsteiger, hat sie 1983 zur „privaten Bohausung" erkoren. Heimische Architektur des 13. und 16. Jh. trifft in erstaunlicher Harmonie auf Kunst aus den Hochgebirgen Indiens, Nepals und Tibets. Bemerkenswert ist die Einbettung der Burg und der dazugehörenden Bauernhöfe in ein landwirtschaftlich genutztes Umland.

Stuben mit neuem Getäfel und Kachelöfen nach spätmittelalterlichem Vorbild schaffen persönliche Bezüge zu Messners bergsteigerischen Leistungen. Daneben besticht die künstlerische Ausstattung des Ostturmes aus den Jahren 1542 bis 1548 von Bartlmä Dill Riemenschneider unter Hans Sinkmoser zu Jufal. Es gäbe „kein besseres

Wohngefühl als das hinter Schlossmauern", schreibt Reinhold Messner und gesteht sich doch den „Anachronismus" ein, „sich an der Schwelle zum dritten Jahrtausend in eine Fluchtburg retten zu wollen". Nach dem Grundsatz „Denkmalschutz vor Wirtschaftsnutzen" hat der prominente Besitzer sich und seiner Familie für die Sommermonate Juli und August einen privaten Raum geschaffen, den er – wie viele Burgeneigner – zu anderen Zeiten im Rahmen von Führungen und Veranstaltungen mit der Öffentlichkeit teilt. Juval ist einer der sechs Standorte des Messner Mountain Museums und widmet sich dem Thema Berg.

BESICHTIGUNG

Der abenteuerliche Zugang zur Burg beeindruckt jeden Besucher nachhaltig. Vom Steilhang des Burgfelsens genießt man einen herrlichen Ausblick ins Tal. Nachdem das Burgtor durchschritten wurde, öffnet sich der Burghof als großzügige ummauerte Gartenfläche. Böse Geister werden durch sorgsam angebrachte Symboliken auf Dächern und Turmknöpfen und von den aus verschiedenen Luken und Ecken spähenden oder auf Türbeschlägen abgebildeten Fratzen oder religiösen Figuren tunlichst vertrieben. Im eigentlichen Schloss angelangt, können einige Räume, die gewöhnlich privat genutzt werden, besichtigt werden, darunter auch jene mit den schönen Wanddekorationen der Renaissance. Eine eigene Burgkapelle ist nicht bekannt, wohl gab es eine kleine Gebetsnische. Bei den Führungen wird selbstverständlich auch Interessantes vom heutigen Besitzer der Burg erzählt.

Mahnmal der Vergänglichkeit

Vier Jahrhunderte wurde der Nordtrakt von Burg Juval mit Bergfried und gotischem Zubau dem Verfall überlassen. 1996 erhielt er eine 200 m² große Dachkonstruktion aus Glas und Stahl. Als „Mahnmal der Vergänglichkeit" soll die mittelalterliche Burgruine nicht bloß Schutz vor Witterung, sondern auch Raum für Ausstellungen oder Veranstaltungen bieten.
Im 18. und 19. Jh. führte die Verklärung der Ruine als „Ausdruck der Vergänglichkeit" zur Burgenromantik. Sie war als Gegenpol zur objektbezogenen Burgenkunde des 20. Jh. gewissermaßen die Vorläuferin der modernen Denkmalpflege. Obwohl die betrachtende Romantik, die „neues Leben aus den Ruinen erblühen" lässt, kaum mehr in den heutigen Sprachgebrauch passt, vermittelt sie die Rücksichtnahme auf das Vergängliche. So konfrontierte Reinhold Messner bewusst ruinös belassenes Gemäuer der Burg Juval mit einer Schutzkonstruktion, die, zwar nach historischem Vorbild aufgesetzt, aber aus Stahl und Glas gefertigt, einen demonstrativen Fremdkörper darstellt. Die museale Inszenierung von Vergänglichkeit entrückt hier den Verfall als Bestandteil der Vergänglichkeit aus der eigenen Wirklichkeit.

LANDSCHAFTSIDYLL UND WAALWANDERUNG 

Neben der Burg ist der untere Hügel von Juval Teil eines ökologischen Gesamtkonzeptes: Der Oberortlhof bietet Urlaub auf dem Bauernhof, beim Schlosswirt werden hofeigene Produkte kredenzt, beim Unterortl vorzügliche Weine produziert und im Bauernladen an der Vinschgauer Straße heimische Produkte vermarktet. Juval lässt sich lohnend ab Tschars erwandern. Auf Weg Nr. 1A bergan zum Tscharser Schnalswaal und auf diesem bis zum Sonnenhof und hinauf zur Burg, dann hinunter zum Schlosswirt und zum Stabener Schnalswaal und zurück nach Tschars.

→ *Gehzeit: ca. 3 h, 9,2 km, 350 Hm*

EINE BURG BRAUCHT BEHERZTE ERHALTER

Häufiger Besitzerwechsel prägt etliche Burgen, Verfall und Niedergang sind deren Wegbegleiter. Burg Juval erleidet ein ähnlich trauriges Schicksal, erfreut sich aber von Zeit zu Zeit der Leistungen bedeutender Burgherren.

Unabhängig von einer möglichen Vorgängerburg ist die erst 1278 genannte Burg Juval ein Bau der Herren von Montalban. Deren rechtliche Stellung im Vinschgau legt eine edelfreie Abstammung nahe. Edelfreie waren Adelige, die aufgrund ihres ausgedehnten Grundeigentums (Allodialbesitz) imstande waren, eine Territorialherrschaft anzustreben. Dieser Rolle der Familie entspricht die stattliche Anlage mit einem bewohnbaren Bergfried an der höchsten Erhebung und einem Wohnturm an der südöstlichen Felsenge. Romanische Bi- und Triforen, also Zwillings- bzw. Drillingsfenster, schmücken die ausgedehnte Höhenburg, die jenen der Dynasten kaum nachsteht. Schon im Jahr 1293 fiel die Burg an Graf Meinhard II. von Tirol, der sie Pflegern zur Verwaltung übergab. 1540 verhalf Hans Sinkmoser der baufälligen Anlage zu einer neuen Blüte, doch das prächtige Renaissanceschloss musste 1581 verkauft werden. Erneuter Verfall setzt ein, bis der Holländer William Robert Rowland aus Singapur zwischen 1923 und 1929 den vorbildlichen Wiederaufbau wagt. Die Nutzung in den letzten Kriegsjahren verwüstet die daraufhin abermals dem Verfall überlassene Burg. Die „behutsame Generalüberholung" von Reinhold Messner rettete die Burg schließlich in das 21. Jh. hinüber.

Der Fortbestand der Burg ist hier an Einzelpersonen festzumachen, oft bleiben diese auch namenlos, da sie sich tagtäglich beherzt um die Erhaltung der Burgen mühen.

INFOS IN KÜRZE

Burg Juval, MMM Juval, Staben, Kastelbell-Tschars, Tel. 348 4433871 (nur zu den Öffnungszeiten) oder 0471 631264, www.messner-mountain-museum.it

Geöffnet Ende März – Ende Juni und 1. Sept. – Anf. Nov.: 10–16 Uhr, Mi. Ruhetag, Besichtigung nur mit Führung möglich

Erwachsene: 9 €, Kinder (6–14 Jahre): 4 €. Außerdem gibt es Sammeltickets für alle MMM.

Nur zu Fuß erreichbar (ab Staben ca. 1½ h) oder mit kostenpflichtigem Shuttlebus. Letzterer fährt ab dem Parkplatz an der Vinschgauer Straße neben dem Vinschger Bauernladen bis Schlosswirt (außer mittwochs), dann noch 15 Min. zu Fuß, Tel. 0473 668058.

Vinschgerbahn, Bahnhof Staben, von dort ca. 15 Min. bis zum Shuttlebus

Keine Parkmöglichkeit in Schlossnähe

In Burg Juval selbst gibt es keine Einkehrmöglichkeit.
Schlosswirt Juval am Oberortlhof, schöner Gastraum in der Mansarde, ungewöhnlicher Gastgarten, gute Küche, Mi. Ruhetag, Tel. 0473 668056, www.schlosswirtjuval.it
Jausenstation Sonnenhof, direkt am Waalweg gelegen, großer Gastgarten, herrliche Aussicht, Tel. 0473 667892, Fr. Ruhetag
Vinschger Bauernladen, kleine Imbisse, bäuerliche Produkte der Umgebung, Tel. 0473 667723, www.bauernladen.it

4 Tirol

Dorf Tirol

Diese Burg aus dem 11./12. Jh. gab dem Land ihren Namen, als der Erbe der Grafen von Tirol, Graf Meinhard IV. von Görz (1258–1295), ein geeintes Land Tirol schuf. Seine Enkelin Margarethe übergab das Land Tirol 1363 an die Herzöge von Österreich.

Die Burg Tirol wurde ab 1420 dem Verfall überlassen, allerdings seit dem Ende des 19. Jh. immer wieder im Zeitgeist der amtlichen Denkmalpflege restauriert und beherbergt heute das bedeutendste landesgeschichtliche Museum Südtirols.

BESICHTIGUNG

Besonders sehenswert sind der enorme **Rittersaal** und die **Burgkapelle** mit ihren romanischen Portalen, ein verwinkelter **Wehrgang** sowie weitere interessante Räume, wie das **Burggrafenzimmer** mit seinem Kachelofen oder die getäfelten Zimmer mit ihrer eindrucksvollen

Kunst- und Gemäldesammlung sowie die Wirtschaftsräume in den Nebengebäuden. Die Museumsleitung organisiert regelmäßig wertvolle Ausstellungen. Die Besichtigung der Dauerausstellung zur Geschichte Südtirols im Bergfried ist ebenso zu empfehlen wie die der angeschlossenen Flugschau mit Adlern, Falken und anderen heimischen Greifvögeln.

Kapellenportal

Die Portale von Schloss Tirol – jene zur Kapelle und zum Palas – sind herausragende Beispiele der romanischen Steinmetzkunst. Sie sind derart reich an Symbolik, dass sie bis heute die Wissenschaftler beschäftigen. Sie beinhalten sehr wichtige Themen der mittelalterlichen Gedankenwelt. Wesentlich sind die Frage nach dem rechten Glauben in der Einheit mit der Kirche oder die Frage nach der Ketzerei, die Sünde als Abkehr von Gott und die Teilhabe am Heilsgeschehen Christi. Besondere Figuren, aber auch Pflanzen und Tiere in ihrer gegensätzlichen Aussagekraft stellen Fragen und geben zugleich Antworten zum Wesentlichen des Lebens. Der Ausdruck in der künstlerischen Gestaltung der Türeinfassungen aus Marmor lohnt ein genaueres Hinsehen.

RESIDENZEN

Meran, erstmals 857 als *Mairania* erwähnt, wird im 12. Jh. Mittelpunkt der Grafschaft Tirol, zuerst als Marktsiedlung, dann als Hauptstadt. Der Landesfürst residierte auf den Burgen Tirol und Zenoburg, allerdings zog Herzog Friedrich „mit der leeren Tasche" ab 1420 in das günstiger gelegene Innsbruck, das sodann zur Residenzstadt erhoben wurde. Es entstanden dort der Stadtturm, die Hofburg, die Lauben und der Hofgarten, später das „Goldene Dachl", die Ottoburg und das Zeughaus, das zur damaligen Zeit bedeutendste Waffenlager Europas. In Meran verblieb ein landesfürstlicher Land- und Stadtrichter. In der Meraner landesfürstlichen Burg (siehe S. 34 ff.) von Herzog Sigmund von Österreich „dem Münzreichen" fand zumindest der „Kellner an Meran" seinen Sitz. Dieser war für die Wirtschaft bzw. den Landeshaushalt verantwortlich. Mit zunehmender Bedeutung des Brennerpasses und der Eisacktalroute verlegte Herzog Sigmund aber auch die landesfürstliche Münzprägestätte von Meran ins Inntal, nach Hall bei Innsbruck. Obwohl Meran 1848 auch noch den Titel der Landeshauptstadt verlor, gewann die Stadt doch allmählich wieder als Kurstadt an Ansehen und Bedeutung.

Der „politische" Altar von Schloss Tirol

Der Flügelaltar von Schloss Tirol ist der älteste fast vollständig erhaltene **Flügelaltar** des Alpenraums. Er entstand um 1370 und wurde vom Wiener Hofmaler „Konrad im Tiergarten" für die dem hl. Pankratius geweihte Oberkapelle von Schloss Tirol geschaffen. Das Original befindet sich im Tiroler Landesmuseum Ferdinandeum in Innsbruck, eine Kopie in Schloss Tirol. Die Altarstiftung ist als Zeichen des Dankes zu verstehen, dass die Herzöge von Österreich als neue Grafen von Tirol bestimmt und anerkannt wurden. Sehr deutlich zeigen die Außenflügel die Wappen von Österreich und Tirol. Im offenen Zustand gibt der Altar verschiedene Marienszenen zu erkennen. Bemerkenswert ist das Verkündigungsbild. Der Erzengel Gabriel verkündet seine Botschaft nicht nur mündlich, sondern bestätigt sie mit einer Urkunde, also „mit Brief und Siegel". Detailverliebt kündigt sich das Gesagte an, so ist Jesus bereits hinter einer weißen Taube, die für

THURNSTEIN

Wer Schloss Tirol von Westen her erreicht, kommt an **Burg Thurnstein** vorbei. Sie wird erstmals 1276 als Turm Platzleid erwähnt. Graf Meinhard von Tirol belehnte 1282 Konrad Milser mit der Burg. Dem Turm wurde im 16. Jh. der Südtrakt und unter den Herren von Egen, die den Namen des Schlosses als Adelsprädikat führen, im 18. Jh. der Nordtrakt zugebaut, seit dem Ersten Weltkrieg Gaststätte und Hotel.

den Hl. Geist steht, als kleines Kind zu sehen. Hübsche Details sind die Darstellung der Bettwäsche mit blau-weiß-kariertem Kissen des hl. Joseph, der am Bettende ein Schläfchen macht, oder des Apostels, der sich beim Lesen eines Buches eine Nietbrille vor die Augen hält. Es ist nebenbei die älteste Abbildung einer Brille in Europa.

INFOS IN KÜRZE

Südtiroler Landesmuseum für Kultur- und Landesgeschichte Schloss Tirol, Schlossweg 24, Tirol, Tel. 0473 220221, www.schlosstirol.it

Geöffnet Mitte/Ende März – Anf. Dez., tägl. außer Mo. 10–17 Uhr, im Aug.: 10–18 Uhr, tägl. Führungen in deutscher Sprache um 10.15 und 14 Uhr

Erwachsene: 7 €, Kinder bis 6 Jahre frei, Familien: 14 €, Gruppen, Senioren: 4,90 €, Studenten: 3,50 €, Schulklassen: 1,50 €; Zuschlag für Führungen: 2 €

Ab Dorfzentrum Tirol (Busbahnhof) bzw. ab Schloss Thurnstein knapp 30 Min. Fußweg. Keine Anfahrt mit Privatauto möglich, Taxi erlaubt; bei Veranstaltungen Shuttle-Dienst ab Dorf Tirol.

Bus 221 verkehrt im Viertel- bis Halbstundentakt zwischen Meran und Dorf Tirol, Busbahnhof; Bus 236 zwischen Meran und Schloss Thurnstein (im Sommer Stundentakt)

Gebührenpflichtiger Parkplatz in Dorf Tirol

Gasthaus Schloss Tirol, Schlossweg 25, Dorf Tirol, Tel. 0473 443125, www gasthaus-schlosstirol.com, Mitte März – Anf. Dez.: 7–19 Uhr, Mo. Ruhetag
Hotel und Restaurant Burg Thurnstein, mediterrane und Tiroler Küche, St. Peter 8, Dorf Tirol, 12–14 und 18–20.30 Uhr, Do. Ruhetag, Tel. 0473 220255, www.thurnstein.it

5 Brunnenburg

Dorf Tirol

Die fantastisch-romantische Anlage liegt auf einem vom mächtigen Schloss Tirol gesonderten, etwas tiefer gelegenen Moränenhügel und verdankt ihr Aussehen zu einem Gutteil dem Kunstschlosser Karl Schwickert aus Pforzheim. Dieser erwarb die zur Ruine gewordene Burg und ließ sie zwischen 1903 und 1908 als eine Art Gralsburg neu auferstehen. Weit leuchtete ihre weiße Betonverkleidung ins Tal, unzählige Pfeiler und Bögen umklammerten den Berg, um der Feste einen scheinbar ewigen Halt zu bieten.

Bereits 1922 rutschen allerdings große Teile der Zubauten ins Tal. 1947 nahm sich der Archäologe Boris de Rachewiltz der erneut zur Ruine verfallenen Burg an. Mithilfe seines Schwiegervaters, des amerikanischen Dichters Ezra Pound, und seiner Frau Mary gelang ein Wiederaufbau. Der gemeinsame Sohn Siegfried de Rachewiltz begründete darin 1974 das Museum Brunnenburg, eine „Arche" für die bäuerliche Sachkultur. Hier erwartet einen eine reiche Sammlung fachkundig präsentierter bäuerlicher Geräte.

Älterer Kern

In der Burg steckt ein älterer Kern: Er geht auf Wilhelm Tarant und die Zeit um 1240 zurück. Die Tarant waren enge Vertraute der Grafen von Tirol und hatten in Plaus im Vinschgau ihren Stammsitz in der dortigen Burg Tarants- oder Dornsberg. Ihr Sitz Brunnenburg wurde 1347 in Mitleidenschaft gezogen, als König Karl IV. vergeblich die Burg Tirol belagerte. Es folgten unterschiedliche Besitzer, bis die Burg „Prunberch" 1457 an den Haller Ratsherrn Hans Kripp gelangte. Dreieinhalb Jahrhunderte blieb die Brunnenburg im Besitz seiner Nachkommen und wurde bereits um 1700 zur Ruine.

BESICHTIGUNG

Wer beim Anblick einer Burg des 20. Jh. die Nase rümpft, wird rasch mit dieser versöhnt sein: Es tut sich, neben einer grandiosen Aussicht, im Vorhof der Burg ein bodenständiges Idyll auf, das nichts mit dem touristischen Treiben in Dorf Tirol gemein hat. Betritt man Innenhof und Eingangshalle, ereilt einen ein ungewöhnliches, südländisch-burgenromantisches Flair. Eine Treppe führt in den oberen Stock des Palas, in dem sich wohnliche Räume mit dem **Arbeitszimmer von Ezra Pound**, augenscheinlich ein Refugium eines Denkers, befinden. Hier arbeitete der herausragende Vertreter der italienischen Moderne in seinen letzten Lebensjahren noch immer an seinem Hauptwerk „The Cantos".

Illustre Gäste

Die Brunnenburg zog und zieht noch heute namhafte Künstler und Dichter in ihren Bann, unter denen sich sehr bekannte Namen wie Peter Fellin, Gregor von Rezzori, Eva Hesse, Salvatore Quasimodo, Uwe Dick, H. C. Artmann, Peter Rosei, Franz Tumler, Alois Brandstätter, Herbert Rosendorfer, Elfi Prinnegg und viele andere mehr befinden. Rund 600 Jahre zuvor hatte schon ein großer Gelehrter auf Burg Prunberg gewohnt. Es war der Schwabe Ulrich Putsch, der Kanzler Herzog Friedrichs „mit der leeren Tasche", Inspektor aller tirolischen Bergwerke und von 1427 bis 1437 Bischof von Brixen war. Dessen Wahl zum Bischof suchte kein Geringerer als der Dichterkomponist Oswald von Wolkenstein (1376–1445) zu verhindern.

EZRA POUND

Der amerikanische Dichter Pound (1885–1972) förderte auch Größen wie T. S. Eliot und James Joyce, beschäftigte sich mit europäischer und asiatischer Dichtung und Literatur. Ein Schatten seines Lebens hatte ihn allerdings wortkarg werden lassen: Die Bewunderung für den italienischen Faschismus und seine antiamerikanischen, rassistischen und antisemitischen Propagandareden hatten ihn in Verruf gebracht. Als erklärter „Geisteskranker" war er zwar einer möglichen Todesstrafe entgangen, hatte aber zwölf Jahre in einer amerikanischen Heilanstalt verleben müssen, aus der er erst auf Drängen von Ernest Hemingway und anderen Freunden 1958 entlassen wurde. In der Brunnenburg fand er schließlich bis zu seinem Tod in Venedig sein letztes Zuhause.

Rätselhafte Bogenöffnung

Im Palas hat sich eine rätselhafte 3,20 Meter hohe und knapp 6 Meter breite romanische Bogenöffnung erhalten. Es liegt nahe, in ihr eine Vorgängerin der offenen Loggia zu vermuten, die bei angenehmem Klima sowohl Helligkeit als auch erfrischenden Schatten bot. Es spricht einiges dafür, dass diese „überdachte Terrasse" im Winter zu einer wohnlichen Stube umgewandelt wurde, da die große Öffnung mit Balken bzw. Bohlen verschlossen werden konnte. Möglicherweise bot sie aber auch Platz für Zitrusfrüchte und exotische Gewürze. Wenn wir auch keine eindeutige Erklärung anbieten können, so dürfte es sich doch um eine Mode des früheren 13. Jh. gehandelt haben, da es derartige Öffnungen auch auf Boimont in Eppan, auf Payrsberg oberhalb von Nals und auf Neuhaus bei Terlan gab.

INFOS IN KÜRZE

Museum Brunnenburg, Ezra-Pound-Straße 3, Tirol, Tel. 0473 923533, www.brunnenburg.net

Geöffnet Ostern – Anf. Nov.: 10–17 Uhr, Fr. und Sa. Ruhetag

Erwachsene: 6 €, mit Gästekarte: 5 €, Gruppen: 4 €, Studenten: 3 €, Kinder ab 6 Jahren und Schüler: 2,50 €; Zuschlag für Führungen: 2 €

Vom Dorfzentrum Tirol (Busbahnhof) 15 Min. Fußweg, zunächst auf dem Schlossweg Richtung Schloss Tirol, dann links hinab zur Burg

Bus 221 verkehrt etwa im Viertel- bis Halbstundentakt zwischen Meran und Dorf Tirol, Busbahnhof.

Gebührenpflichtiger Parkplatz in Dorf Tirol

In der Brunnenburg gibt es keine Einkehrmöglichkeit, dafür mehrere Gastbetriebe in Dorf Tirol. **Sandgruberhof**, bäuerliches Ausflugslokal mit Eigenbauwein am Schlossweg, nach der Abzweigung zur Brunnenburg, Richtung Schloss Tirol, Tel. 0473 923513, Mo. Ruhetag, www.sandgruberhof.com

EXKURS

Burgenromantik

Jahrhunderte des Verfalls

Der moderne Staat hatte seit dem 17. Jh. nichts mehr für die Burgenerhaltung übrig, selbst der Adel schenkte seinen Stammsitzen nur ausnahmsweise jene Beachtung, die ein Burgenschicksal als Ruine verhindern hätte können. Das Interesse beschränkte sich primär auf die zur Burg gehörigen Rechte: die Nutzung von Wald und Wiesen, die Jagd und Fischerei. Eine gewisse Ehrfurcht vor den frommen Stiftungen, denen zufolge in der Burgkapelle hl. Messen gelesen werden mussten, mögen den Verfall der Sakralräume mitunter verlangsamt haben. Die meisten Burgen aber, insbesondere jene, die sich aufgrund ihrer unbedeutenden oder unbequemen Lage kaum mehr als Adels- und Gerichtssitze eigneten, waren zu Ruinen geworden. Der Bedeutungsverlust von Schloss Tirol als Fürstenresidenz mag auch das Schicksal der Brunnenburg besiegelt haben.

Steine der Vergangenheit

Als im frühen 19. Jh. die letzten Aufgaben adeliger Herrschaft an den Staat übergingen, wurden sowohl die Burgen als auch der zu ihnen gehörende Grundbesitz in Privateigentum umgewandelt. Die bewirtschaftenden Bauern erhielten die Gelegenheit, Grund und Boden zu günstigen Preisen abzulösen. Nur wenige Adelige konnten sich ihre zu kostspieligen „Privathäusern" gewordenen Burgen noch leisten, obwohl sich einzelne aus einem starken ideellen Pflichtgefühl gegenüber der eigenen Familiengeschichte dazu gezwungen sahen. Die übrigen Burgen kamen auf den Markt. Allmählich sollte ein neues Burgen- und Geschichtsinteresse erwachen.

Neues Interesse erwacht

1841 steht Erzherzog Johann von Österreich (1782–1859) vor dem Schloss Buonconsiglio in Trient und schreibt in sein Tagebuch: *„Wenn ich diese Residenz betrachte, so kann ich mich nicht enthalten zu bemerken, wie wenig Sinn bey uns für solche Denkmäler ist […], so werden alte Erinnerungen getilget, das Geschichtliche gering geschätzet und billige Wünsche jener, die das, was ihrem Lande angehöret, erhalten wissen möchten, verletzet. So übt man oft eine der Barbaren würdige Rohheit aus."* 1844 erwirbt Erzherzog Johann Schloss Schenna bei Meran und lässt es mit viel Feingefühl restaurieren, doch bildet dies die Ausnahme. Auf den Weltausstellungen in Wien (1873) und Paris (1900) wird mit verspielten Nachbildungen von historischen Bauten ein „österreichischer Nationalstil" beworben, der ein Bewusstsein für das Alte schafft, aber weniger an der Erhaltung des Originals interessiert ist als an der Kunstfertigkeit der Wiederherstellung. Tiroler Ansitze dienen den Kunstgewerbeschulen der k. u. k. Monarchie als Studienobjekte. Ein „Château Tyrolien" (Ansitz Thalegg in Eppan), das Kapitelzimmer der Burg Reifenstein bei Sterzing (Gotische Stube) und das (verkleinerte) Fürstenzimmer von Velthurns werden in Paris gezeigt.

„Neue Burgen entstehen"

Der Historismus, der sich erstmals um 1845 in der **Festungskapelle von Franzensfeste** und noch bis um 1907 sehr deutlich in den mit vielen Giebeln und Erkertürmchen verzierten Häusern der **Sparkassenstraße in Bozen** zeigt, fand großen Anklang. Im Geist der Neugotik veranlasst Oblt. Franz Huber 1866 einen großzügigen Ausbau der **Burg Katzenstein** bei Meran. Oft waren es ausländische Romantiker, die in den Burgen ihren Traum von Ritterlichkeit zu verwirklichen suchten. Etliche erfuhren im Versuch der Nachahmung der Geschichte mitunter sehr kunstvolle „historistische" Ausbauten. Auf den Mauern der **Ruine Brunnenburg** errichtet Karl Schwickert eine neue Burg aus einem Gewirr von Mauern, Türmen und Bögen. Solche Interpretationen der Vergangenheit hielten sich nicht an Vorlagen, die die Wissenschaft zu liefern vermochte. Als weitere derartige Südtiroler Beispiele seien die **Burgen Gernstein** im Tinnebachtal bei Klausen, **Welfenstein** im Wipptal oder der **Turm zu Entiklar** im Unterland genannt.

Romantik, aber unter strengen Regeln

Der Staat sah sich umso mehr gezwungen, geschichtsträchtige Orte und kunsthistorisch Wertvolles unter Schutz zu stellen. Die **Ruine Branzoll** unterhalb von Säben bei Klausen wird dem Münchner Burgenforscher Otto Piper 1895 zum Wiederaufbau (Bergfried) verkauft. Dieser richtet sich bereits nach einem möglichen Vorbild und wird 1912 unter Franz Lintner als Rekonstruktion der einstigen Anlage fertiggestellt. Auch bei **Runkelstein** kam es bis um 1893 zu einem Wiederaufbau. Mithilfe der aufkommenden Burgenforschung erließ der Staat Regeln im Umgang mit der Burgenrestaurierung und für den Denkmalschutz. Diese verhinderten – etwa ab 1906/08 – allzu fantasiereiche Burgenerneuerungen.

6 Landesfürstliche Burg

Meran

Die Landesfürstliche Burg ist eine kleine, wohl um 1470 von Herzog Sigmund von Österreich errichtete Stadtresidenz des Tiroler Landesherrn, unweit der Lauben inmitten der Stadt Meran. So schlicht und „unbedeutend" der Bau, dessen einziger Schmuck aus einzelnen Erkern, einigen Zinnen und einem Erkerturm besteht, von außen auch wirken mag, so überraschend ist seine Ausstattung im Inneren. Die landesfürstliche Stadtresidenz kann gegen eine kleine Eintrittsgebühr frei besichtigt werden.

Der Zugang erfolgt durch ein „Mannsloch", eine niedrige Pforte, die kniehoch aus einem Tor in der Ringmauer ausgeschnitten wurde. Die Ringmauer selbst ist nach innen durch einen Wehrgang geschützt. Oberhalb des Tores hängen vier lederne Löscheimer, die im Falle eines Brandes zum Einsatz kommen konnten. Der gesamte Bau überrascht durch seine einheitliche und vollständige **spätgotische Ausstattung**: Rankenbemalte Wände, holzvertäfelte Räume mit zeitgenössischer Einrichtung und eine **Burgkapelle** erhalten durch alte ausgetretene Bodendielen und die handwerkliche Qualität der Schnitzereien zusätzlich einen authentischen Charakter. Die verwinkelte Anlage erklärt

sich aus der Baugeschichte, da die Burg unter Einbeziehung der Stadtmauer entstand. So verwundert es nicht, dass man trotz der späten Erbauungszeit auf älteres Mauerwerk stößt. Herzog Sigmund hatte die Burg im Garten eines Laubenhauses errichtet, das König Heinrich von Böhmen in der damaligen Landeshauptstadt erworben hatte. 1875 gelangte der Bau an die Stadtgemeinde Meran. Eine Bürgerinitiative verhinderte den Abriss und erreichte die Restaurierung, bei der es auch zu einigen Ergänzungen des Originalbestands kam.

BESICHTIGUNG

Im Erdgeschoß ist eine Sammlung verschiedener **Waffen**, Möbel und Bilder zu besichtigen. Der Vorraum des ersten Stockwerkes kann als Erweiterung der durch ein Gitter abgetrennten **Kapelle** verstanden werden, die wohl dem hl. Oswald geweiht war. In der Küche befinden sich verschiedene Töpfe und Behältnisse, kurios ist eine Drehvorrichtung für Bratspieße, die durch einen Zahnradmechanismus angetrieben wurde. Eine Stube und ein Schlafzimmer, die heute als **Kaiserzimmer** bezeichnet werden, bestechen durch einen **Turmofen** aus dem 15. Jh., dessen Krone verschiedene Herrscherwappen zeigt. Da der Raum Empfangs-, Aufenthalts- und Speisezimmer zugleich war, befinden sich darin eine Kredenz, ein gotischer Tisch, ein Schrank mit Flechtgitter sowie ein zusammenklappbarer Sessel. Das Schlafzimmer weist eine überraschende Einfachheit auf, wenngleich das Himmelbett mit Wappen verziert ist. Die Schreibstube diente in späteren Zeiten dem in der landesfürstlichen Burg untergebrachten „Kellner an Meran“. Dieser war für die Verwaltung der Steuern zuständig.

Gotische Fenster und Butzenscheiben

An der Außenfassade fallen die großen spitzbogigen Fenster der Kapelle, aber auch die verhältnismäßig großen, steingefassten Rechteckfenster auf. Letztere sind durch ein in der Gotik typisches steinernes Fensterkreuz unterteilt. Ursprünglich sollten Fensteröffnungen dem Innenraum vor allem Licht oder Luft verschaffen, zugleich gut verschließbar sein. Je besser sich dies verbinden ließ, desto größer wurden die Öffnungen. Ab dem 13. Jh. wurde es allgemein üblich, Fenster in die Mitte des Mauerdurchbruchs zu setzen. Dadurch wurden die Fensterlaibungen nach innen und auch nach außen trichterförmig. Die Fensterschrägen konnten in der Folge mit Fresken oder Säulchen geschmückt werden. In der Gotik kamen für wertvolle Räume Spitzbogenfenster auf. Auch Fenster mit Bleiverglasung wurden

URALTE GLOCKEN

In der Burg befinden sich zwei Glocken: Eine stammt noch aus dem 13. Jh. und war ursprünglich auf Schloss Juval im Vinschgau. Eine etwas größere zweite stammt aus Schabs und wurde 1488 gegossen. Sie weist Herzog Sigmund von Österreich als Stifter aus. Am Glockenmantel sind die Wappen von Tirol, Österreich und Sachsen zu sehen, da Sigmund nach dem Tod seiner ersten Frau, Eleonore von Schottland, Katharina von Sachsen heiratete. Das Wappen Schottlands ist übrigens in geschnitzter Form in einer der Stuben und auf einem Fresko im Erker des Schlafzimmers zu sehen.

üblich. Die „**Butzenscheiben**" wurden modern. Das Wort „Butzen" stammt vom mittleren Spitz, der nach dem Blasen des Glases zurückbleibt. Scheibe an Scheibe mit Blei verbunden ergab eine größere Glasfläche, mit der die Fensteröffnung nun geschlossen werden konnte. Somit prägten Fenster die Fassade zunehmend und man versuchte, sie auf eine Ebene zu bringen. Dies bewirkte wiederum eine regelmäßigere Raumaufteilung im Inneren.

INFOS IN KÜRZE

Landesfürstliche Burg, Galileo-Galilei-Straße, Meran, Tel. 329 0186390, www.gemeinde.meran.bz.it

Geöffnet Osterwoche–6. Jan.: Di.–Sa. 10.30–17 Uhr, So. und Feiertage 10.30–13 Uhr, Mo. geschlossen

Erwachsene: 5 €, ermäßigt: 4 €, Jugendliche bis 18 Jahre frei

Die Burg liegt absolut zentral, wenige Schritte vom in der Laubengasse gelegenen Rathaus.

Gebührenpflichtige Parkgaragen in der Galileo-Galilei-Straße 35 (Algunder Kellerei) bzw. Parkhaus der Therme Meran

Am Rennweg halten viele Stadt- und Überlandbusse, von dort sind es durch die Laubengasse 300 m zur Burg.

Keine Einkehrmöglichkeit in der Burg
Rainer, ein gutes Stück Alt-Meran, Laubengasse 266, Tel. 0473 236149, www.gasthof-rainer.it
Sigmund, historisches Gasthaus, Freiheitsstraße 2, Meran, Tel. 0473 237749, www.restaurantsigmund.it
Forsterbräu, Gastgarten im Innenhof, Freiheitsstraße 90, Meran, Tel. 0473 236535, www.forsterbrau.it

7 Trauttmansdorff Meran

Im Osten von Meran befindet sich ein weit sichtbares kompaktes gelb gestrichenes Gebäude mit Zinnen und weiteren Zubauten mit Fassadengiebeln. Es wird von einer künstlich gestalteten Gartenlandschaft umgeben, den Gärten von Schloss Trauttmansdorff, die heute zahlreiche Besucher anlocken.

Das Schloss wird als Landesmuseum für Tourismus – Touriseum – geführt und ist als Winterresidenz Kaiserin Elisabeths in die Geschichte eingegangen. Das Museum beleuchtet die 200-jährige Tourismusgeschichte des Landes und nähert sich diesem Thema durchaus auch kritisch und spielerisch.

GESCHICHTE

Das Schloss wurde im 19. Jh. stark verändert, davon berichten eine neugotische Burgkapelle, ein großes Treppenhaus, das „Studiolo" der Kaiserin Elisabeth und der 1899 eingebaute „Deustersaal", ein

festlicher Raum im Neobarockstil. Die Anlage hat jedoch einen wesentlich älteren Kern, der 1327 unter dem Namen „Neuberg" entstand. Der Ministerialensitz ging schon bald auf eine schwäbische Gewerkenfamilie über, die auch eine Burgkapelle zur hl. Margarethe errichten ließ. Diese bestand bis 1777, als der Bergfried einstürzte.

Im 16. Jh. war die Burg im Besitz der Herren von Trauttmansdorff, die sie mit schönem Freskenschmuck ausstatten ließen. Teile davon haben sich erhalten und sind noch heute zu sehen. Die Familie wurde endgültig für die Burg namensgebend, nachdem diese, allmählich zur Ruine verkommen, 1847 abermals von einem Grafen Trauttmansdorff erworben und im romantischen Geiste wiederaufgebaut wurde. Sein Erbe Moritz von Leon beherbergte die Kaiserin von Österreich, musste dann aber seinen Besitz verkaufen.

BESICHTIGUNG

Die Besichtigung ist nur im Rahmen des Museumsbesuchs bzw. des Besuchs der Gärten von Schloss Trauttmansdorff möglich. Im Innenhof angekommen, ist es aufgrund der verschiedenen Umbauten und Restaurierungen sehr schwierig, die ältere Kernburg aus dem 14. Jh., in der sich der Treppenaufgang befindet, von dem neueren Bau des 16. Jh. und den Verbauungen des 19. Jh., zu denen auch der Kapellentrakt gehört, zu unterscheiden.

Das Schlafzimmer der Kaiserin

Über den ehemaligen Bergfried, der das Treppenhaus mit den 16 Wappen der verschiedenen Burgbesitzer beherbergt, gelangt man in einen herrschaftlichen Raum mit roter Tapete. Er diente Graf Trauttmansdorff als Studiolo für seine Ahnenforschung und Kaiserin Elisabeth als Schlafzimmer. Zu ihren Ehren ließ Friedrich von Deuster im Zentrum der Decke das Wittelsbacher Wappen anbringen. Das angrenzende Zimmer wird als Freskenzimmer bezeichnet. Es wurde zum Speisezimmer der Kaiserin. An der Wand sind elf Bibelszenen dargestellt, die als Fries den Raum schmücken. Die übrigen Wände zieren rot-gelb-weiß-gemalte Wandbehänge. Die Malereien stammen aus dem 16. Jh. und beweisen eine gute Qualität, aber auch eine profunde Bibelkenntnis, wobei protestantische Einflüsse nicht auszuschließen sind.

EINE VORGESCHICHTLICHE VORGESCHICHTE

Burgen stehen nicht selten auf älteren Kult- oder Siedlungsstätten. Der Name „Neuberg", wie Schloss Trauttmansdorff vom 14. bis ins 19. Jh. hieß, könnte auf eine ältere Burganlage an dieser Stelle verweisen. Dies ist allerdings nicht gesichert. Trotzdem gibt es eine Legende, nach der der hl. Valentin von Rätien im Jahre 450 dort, wo das Schloss steht, eine Einsiedelei errichtet habe. In dieser soll er sogar selbst bis zu seinem Tod gelebt haben. Ein solcher Ort der Verehrung könnte tatsächlich den Bau einer Burg nach sich gezogen haben.

DIE GÄRTEN VON SCHLOSS TRAUTTMANSDORFF

Da im Eintrittspreis enthalten, sollte man beim Besuch des Schlosses und Museums auf jeden Fall zusätzlich drei bis sechs Stunden auch für die Gärten einplanen. Südtirols Tourismusattraktion Nr. 1 bietet auf einer Fläche von zwölf Hektar 80 Gartenlandschaften mit Pflanzen aus aller Welt. Das Spektrum reicht vom Japanischen Garten über den Südtiroler Bauerngarten und Weinberg bis zu einer Sukkulentenhalbwüste. Außerdem gibt es Künstlerpavillons und Erlebnisstationen wie die botanische Unterwelt, ein Glashaus mit Orchideen und Blattschneiderameisen sowie eine Voliere.

INFOS IN KÜRZE

Schloss Trautmansdorff, St.-Valentin-Straße 51A, Meran, Tel. 0473 255655 (Museum), 0473 255600 (Gärten), www.touriseum.it, www.trauttmansdorff.it

Geöffnet Ende März – Mitte Okt.: 9–19 Uhr, Mitte–Ende Okt.: 9–18 Uhr, Anf.–Mitte Nov.: 9–17 Uhr; freitags Juni–Aug.: 9–23 Uhr

Erwachsene: 13 €, Familien: 28 €, Kinder bis 6 Jahre frei, Senioren: 10,50 €, Kinder, Jugendliche, Studenten, Menschen mit Behinderung: 9 €, Gruppen: 10 €, Schulklassen: 3,50 €, Sommerabend-Ticket (freitags Juni–Aug. ab 18 Uhr): 7,50 €, Spätherbst-Ticket (1.–15.11.): 7,50 €, unter 18 Jahren frei

Die Stadtbuslinien 1 und 4 verbinden den Bahnhof und das Stadtzentrum Meran mit den Gärten von Schloss Trauttmansdorf.

Die Gärten von Schloss Trauttmansdorff sind in und um Meran bestens ausgeschildert.

Großer gebührenpflichtiger Parkplatz am Eingang der Gärten

Restaurant Schlossgarten mit Terrasse, unmittelbar am Schloss, Tel. 0473 232350, www.schlossgarten.it

Café am Seerosenteich in den Gärten von Schloss Trauttmansdorff, kleine Erfrischungen

8 Jaufenburg

St. Leonhard in Passeier

Ein mächtiger Bergfried des späten 13. Jh. stellt sich dem Reisenden aus dem Passeiertal schon weit sichtbar dort entgegen, wo die eine Straße zum Timmelsjoch führt, die andere zum Jaufenpass abzweigt. Auf dem Weg zur Burg ergänzt die kleine Heilig-Kreuz-Kirche das Idyll eines bewaldeten Hügels, aus dem der seltsame Turm mit seinem charakteristischen Krüppelwalmdach mehrstöckig emporragt.

Die Heilig-Kreuz-Kirche wurde 1531 erbaut, der Sage nach an der Stelle, wo das Pferd des Ritters **Hildebrand Fuchs** nach der Heimreise von einer Pilgerfahrt nach Jerusalem auf die Knie ging. Der Ritter hatte zuvor in Seenot den Bau einer Kirche gelobt. Von der einst stattlichen Burganlage mit langem Torweg, Zwinger und sich südseitig über den Hügel hinabziehenden Wohntrakten, die im 18. Jh. dem Verfall preisgegeben wurden, sind heute nur noch Spuren erhalten.

BESICHTIGUNG

Allein schon die Ruine hat eine besondere Ausstrahlung, umso mehr lohnt der kurze Anstieg zum Bergfried, vorbei an den alten Palasmauern: Der erstmals im Jahre 1320 genannte, aber wohl zwei bis drei Generationen früher erbaute „turn under Jauven" hatte seinen Eingang im zweiten Stockwerk. Ein solcher meist über hölzerne Treppen zugänglicher Hocheingang ist im Burgenbau durchaus üblich, da er gegen Angreifer leichter zu verteidigen war. Das meist nur von oben zugängliche, zweistöckige Untergeschoß des Bergfrieds wurde häufig als Verlies genutzt. Die darüber liegenden Turmzimmer erzählen von einer prunkvollen Ausstattung der Burg. Sind es im dritten Stockwerk nur ein paar Reste einstiger Renaissancefresken, überraschen im vierten Stockwerk die gut erhaltenen Wandmalereien von Bartlmä Dill Riemenschneider. Der ab dem vierten Stockwerk im 16. Jh. aufgestockte Turm diente damals militärischen Zwecken. Erhalten geblieben sind sechs Fensterbalken, die den Rückstoß beim Abfeuern der Feuerwaffen oder Hakenbüchsen – Vorderlader mit einem Haken zum Fixieren auf einer stabilen Unterlage – abfangen sollten.

* Das Porträt hängt in der Landesfürstlichen Burg Meran.

Die Wandmalereien

Die Malereien von Bartlmä Dill Riemenschneider (1495–1550), einem Sohn des berühmten Tilman Riemenschneider, zeigen Putti und religiöse Szenen; sie werden von Bibelzitaten begleitet. Diese stammen teilweise aus der Bibelübersetzung von Martin Luther, die Malereien wurden bereits 1538 von Bischof Christoph Fuchs von Fuchsberg in Auftrag gegeben. Verschiedene Wappen von versippten Familien zieren den Raum, der von Scheingesimsen und Balustraden gegliedert wird. Die Fuchs von Fuchsberg beerbten die Herren von Passeier 1418 und hatten die Gerichtsherrschaft Jaufenburg bis 1762 inne. Der örtliche Heimatpflegeverein setzte zwischen 1995 und 2000 eine Restaurierung des Bergfrieds mit seinen Fresken durch. Heute ist er öffentlich zugänglich.

DAS ANDREAS-HOFER-GEBURTSHAUS

Die wichtigste Sehenswürdigkeit des Passeiertales ist der Sandhof, der als „Wirtshaus zur goldenen Krone“ im ganzen Tal geschätzt war. Berühmt wurde er aber als Geburts- und Wohnhaus von Andreas Hofer (1767–1810). Der Sandwirt führte als Oberkommandant die Tiroler gegen die regulären Truppen des Franzosenkaisers Napoleon I. Bonaparte in die Schlacht und übergab das rückeroberte Land Tirol dem österreichischen Kaiser. Hofer wurde als Freiheitsheld gefeiert. 1890 erwarb die Tiroler Adelsmatrikel den Sandhof, um ihn als historisches Kulturgut zu erhalten. Der Sandhof war im 13. Jh. ein „Auflegerhof“, vor dem sich die Fuhrwerke aus Meran trafen. Sie übergaben hier ihre Waren den Säumern, die sie über den Jaufen nach Sterzing schleppten. Im ehemaligen Stadel befindet sich heute das äußerst sehenswerte MuseumPasseier mit einem angeschlossenen Freilichtmuseum. Das MuseumPasseier ist auch für die Jaufenburg zuständig.

RUND UM DIE JAUFENBURG

Eine empfehlenswerte Rundwanderung startet im Dorfzentrum von St. Leonhard und führt an Heilig-Kreuz-Kirche und Jaufenburg vorbei. Wir folgen dabei weitgehend dem gut beschilderten, sogenannten Sonnenrundgang, und zwar im Uhrzeigersinn. Bei der Heilig-Kreuz-Kirche verlassen wir allerdings den Sonnenrundgang, steigen links auf dem Jaufenburgweg zur Jaufenburg auf und dahinter wieder ab zum Sonnenrundgang, der uns zurück ins Dorfzentrum bringt (Weg Nr. 12).

→ *Gehzeit: 1 h, 2,9 km, 150 Hm*

INFOS IN KÜRZE

Jaufenburg, St. Leonhard in Passeier. Außenstelle des MuseumPasseier, Passeirer Straße 72, St. Leonhard in Passeier, Tel. 0473 659 086, www.museum.passeier.it

Geöffnet Juni–Sept.: nur Mo. 10–13 Uhr, für Kinder gibt es um 11 Uhr ein Überraschungsprogramm. Auf Anmeldung im MuseumPasseier werden für Gruppen ab 10 Personen Führungen angeboten (Aufpreis 2 €/Person).

Erwachsene: 2 €, Kinder ab sechs Jahre: 1 €

Vom Ortszentrum St. Leonhard zu Fuß in ca. 30 Min. eher steil bergauf (Markierung Nr. 17); schmale Zufahrt auch direkt von der Jaufenstraße (Schlossweg), allerdings nur wenige Parkmöglichkeiten

Bus 240 verkehrt etwa im Halbstundentakt zwischen Meran und St. Leonhard.

Im Ortszentrum von St. Leonhard, in Burgnähe kaum Parkmöglichkeiten

In der Jaufenburg gibt es keine Einkehrmöglichkeit, dafür mehrere Gastbetriebe in St. Leonhard.

9 Schenna

Schenna

Der Stammsitz der Herren von Schenna befindet sich am Burgstall von St. Jörgen, St. Georgen-Schenna. Reste eines Wohnturmes und die St.-Georgs-Kirche bestehen dort noch. Unweit davon steht Schloss Schenna. Die 1354 errichtete Burg ist eine der jüngsten Burgen Tirols. Bis um 1560 zeigte sie sich allerdings noch durchaus wehrhaft: mit Zinnen, Türmen, Wehrgängen, Wassergraben und Zugbrücke.

Heute besitzt die großzügige Anlage, deren Gebäudeteile sich um einen weiten Innenhof reihen, einen von der Spätgotik bzw. von der Renaissance geprägten Schlosscharakter. **Prachtvolle Säle** mit vollständig erhaltener Ausstattung, darunter einer mit der größten privaten Waffensammlung Tirols, erwarten den Besucher. Schloss Schenna befand sich ab 1845 im Besitz des für die Moderne sehr aufgeschlossenen und äußerst beliebten Erzherzogs Johann von Österreich (1782–1859), einem Bruder Kaiser Franz' I. Dieser bereicherte das für seinen Sohn erworbene „Nest" mit wertvollen Kunstgegenständen, für die der Erzherzog auch persönlich viel übrighatte. Seine Nähe zum Kaiserhaus und auch zum „Tiroler Volkshelden" Andreas Hofer prägen viele Räume. Die Nachkommen des Erzherzogs, die Grafen von Meran, sind noch heute Besitzer des Schlosses.

BESICHTIGUNG

Das Schloss kann mit Ausnahme der Privaträume im Rahmen von Führungen besichtigt werden. In neun großen Sälen sind die Kunstsammlungen Erzherzog Johanns zu sehen, dazu gehören Waffen, Erinnerungsstücke an die Erhebung Tirols von 1809, Trachten-, Landschafts- und Historienbilder, Habsburger-Porträts, Werke der Kleinkunst und Gebrauchsgegenstände. Im **Waffensaal** sind neben einzigartigen Stücken eine Pavese, das ist ein länglicher Schild, von 1485 und ein Scharfrichterschwert hervorzuheben; im **Rittersaal** eine Täfelung sowie eine mit Metallornamenten verzierte Ledertapete, im **Habsburgerzimmer** verschiedene Kaiserporträts bis hin zum letzten österreichischen Kaiser, dem Seligen Karl von Österreich. Das Zimmer Erzherzog Johanns, das **Tirol-Zimmer**, das Eckzimmer sowie das **Andreas-Hofer-Zimmer** schmücken verschiedene bedeutende Stiche und Gemälde, aber auch Gegenstände wie die Wiege Hofers oder das Tintenfass, das dem Sarkophag Napoleons nachempfunden wurde. Darüber witzelte der Erzherzog in seinem Tagebuch: *„Da liegt er in der Tinte, der Napoleon."* Einen besonderen Schatz bietet das **Kessler-Zimmer** mit großflächigen und sehr frohsinnigen Bildern des Tiroler Barockmalers Stefan Kessler (1622–1700). Der **Speisesaal** beeindruckt durch seine Größe. Er ist über 100 m² groß und 5,50 Meter hoch.

Andreas-Hofer-Zimmer

ERZHERZOG JOHANN UND TIROL

Erzherzog Johann kam im September 1800 erstmals nach Tirol. Ab 1805 organisierte er mit unumschränkter Vollmacht des Kaisers das Landesverteidigungswesen in Tirol und plante unter anderem den Bau der Franzensfeste nördlich von Brixen. Als Österreich 1805 Tirol und Vorarlberg an Bayern abgeben musste, trat er mit Andreas Hofer und Freiherrn Josef von Hormayr in Kontakt, um sie bei ihrem Aufstand von 1809 gegen den napoleonisch-bayerischen Besatzer zu unterstützen. Es entstand die Idee von einem Alpenkönigreich, was aber vom Staatskanzler Metternich als Hochverrat gewertet wurde. Erzherzog Johann wurde es bis 1833 verboten, Tirol zu betreten. Der Reichshistoriograph Hormayr floh nach Bayern.
Die Revolution von 1848 führte zur Wahl der Frankfurter Nationalversammlung, des ersten gesamtdeutschen Parlaments. Die Nationalversammlung wählte Erzherzog Johann zum Staatsoberhaupt mit dem Titel eines Reichsverwesers. Damit war er jedoch Oberhaupt eines Staates, der noch in Entstehung war. Am 20. Dezember 1849 übertrug er seine Befugnisse der Bundeszentralkommission.

RUNDWANDERUNG IN SCHENNA

Eine lohnende Rundwanderung führt vom Dorfzentrum vorbei an Schloss Schenna hinauf zum Köstenthaler (Weg Nr. 20) nahe der Seilbahntalstation Taser. Dann östlich auf dem Schenner Waalweg bis zum Brunjaunhof (Jausenstation) und kurz danach rechts hinunter nach St. Georgen zur erwähnten St.-Georgs-Kirche, einer bemerkenswerten Rundkirche, und zurück nach Schenna.
→ *Gehzeit: ca. 2¼ h, 6,3 km, 280 Hm*

Mausoleum der Grafen von Meran

Neben der Pfarrkirche von Schenna befindet sich ein eindrucksvoller neugotischer Bau, die Gruftkapelle für Erzherzog Johann, die in den Jahren zwischen 1860 und 1869 vom Wiener Architekten Prof. Moritz Wappler errichtet wurde. Die Grabstätte aus rotem Sandstein und Granit vom Ifinger, einem markanten Gipfel hoch über Schenna, ist als Erzherzog-Johann-Mausoleum bekannt. Die eigentliche Gruftkapelle liegt unter der Erde und wird von einem Kreuzrippengewölbe überdacht. Hier befindet sich der marmorne Sarkophag von Erzherzog Johann und seiner Frau Anna Gräfin Meran, geb. Plochl. Außerdem wurden hier ihr gemeinsamer Sohn Franz Graf Meran und dessen Gemahlin Theresa Gräfin von Lamberg beigesetzt. Das Mausoleum kann mit Führungen besichtigt werden.

INFOS IN KÜRZE

Schloss Schenna, Franz und Johanna von Spiegelfeld, Schlossweg 14, Schenna, Tel. 0473 945630 (auch für Mausoleum), www.schloss-schenna.com

Geöffnet Ostern – Ende Okt., Besichtigung nur mit Führung, Di.–Fr. 10.30, 11.30, 14, 15 Uhr, Mo. Abendführungen um 21 Uhr
Mausoleum: Geöffnet Ostern–Allerheiligen: Mo.–Sa. 10–11.30 und 15–16.30 Uhr, 2 €

Erwachsene: 9 €, Kombi-Karte Schloss & Mausoleum: 10 €, Schüler, Kinder (bis 14 Jahre): 3 €

Schloss Schenna ist ab dem Ortszentrum Schenna ausgeschildert und über den Schlossweg in wenigen Schritten erreichbar.

Schenna ist mit Bus 231 ab Meran erreichbar, Haltestelle Schenna-Dorf.

Parkplatz im Ort

Im Schloss gibt es keine Einkehrmöglichkeit, dafür im nahen und zum Schloss gehörigen historischen **Thurnerhof**, Verdinser Straße 26, Schenna, Tel. 0473 945702, www.thurnerhof-schenna.com
Schlosswirt Schenna, Schlossweg 2, Schenna, Tel. 0473 945620, www.schlosswirt.it
Köstenthaler, bäuerlicher Hofschank, Hofweg 3, Schenna, Tel. 0473 945831, www.koestenthaler.com

10 Lebenberg

Tscherms

In einer von Reben und Apfelbäumen besetzten hügeligen Moränenlandschaft liegt das Schloss in exponierter Lage hoch oberhalb der Ortschaften Tscherms und Marling. Sowohl die pralle Sonne als auch ihr Streiflicht schenken der ganzen Gegend in üppiger Vegetation einen unvergleichlich mediterranen Charakter. Der Ausblick von den Gärten der Burg in das weite Etschtal übertrifft jede Erwartung. Ein Lebensgefühl? Jedenfalls ist die 1271 erstmals genannte Burg Lebenberg mit ihren verwinkelten und zum Teil sehr repräsentativen Gebäudeteilen ein sehr malerischer Ort.

Nach dem Eintritt durch das Burgtor fängt der Blick auf einem ehemaligen Geschützstandort einen Ziergarten, einige Reben und an der Burgkapelle vorbeiführend eine breite Treppe ein. Dahinter liegen die hoch aufragenden Gebäude der Burg mit Bergfried, Palas und einem

weiteren Zubau. Nach einem weiteren Tor in die mit Katzenköpfen gepflasterten Innenhöfe gelangt man über zwei Ebenen zu einer Freitreppe, die in das Schloss führt.

BESICHTIGUNG

An der Freitreppe werden Waffen – unter diesen kurioserweise ein Keuschheitsgürtel, der die Frau vor Übergriffen schützen sollte – und ein an der Hauswand sich emporrankender „Stammbaum" der Burgbesitzer erklärt. Über vier Jahrhunderte saß hier der Lebenberger Zweig der Herren, Freiherren und Grafen Fuchs von Fuchsberg. Vor rund einhundert Jahren erwarb die aus Holland stammende Familie van Rossem van Sinoutskerke von der Familie Kirchlechner das Schloss. Im Inneren führen verwinkelte Räume in repräsentative Säle und Schlafgemächer. Wo sich anderenorts Trinkstuben erhalten haben, finden sich hier bereits elegante Salons, in denen Truhen von intarsierten Schränken und Kommoden abgelöst wurden. Lebenberg vermittelt adelige Wohnkultur verschiedenster Epochen und ist bis heute eine bewohnte Burg geblieben. Auffällig ist ein riesengroßes Ölgemälde von einem Fuchs'schen Stammbaum, aber auch ein schöner wappengezierter Archivschrank.

Die Burgkapelle

Bei der jüngsten Restaurierung im Jahre 2000 konnten in der auffällig großen und mehrstöckigen Burgkapelle von Lebenberg etliche Phasen einer künstlerischen Ausstattung festgestellt werden. Besonders erfreulich war die Entdeckung der ursprünglichen gotischen Malschicht aus der Zeit um 1380/90. Sie zeigt eine Reihe von fünf der 14 Nothelfer. Etwas jünger dürfte die ebenfalls neu entdeckte Darstellung des hl. Stephanus sein, dem die Kapelle geweiht ist. Den Altar des ausgehenden 16. Jh. schmückt ein Bildnis „Maria Hilf" mit den Kirchenpatronen Stephanus und Johannes Ev. Ein prachtvolles und reich bemaltes Netzgewölbe überspannt den Kirchenraum. Es wird von verschiedenen Wappen der mit den Burgherren verwandten Familien geschmückt.

Das Rokoko hält Einzug

Ein hübscher kleiner **Ziergarten** am Südosteck der Burg lädt zum Verweilen ein. Ihm ist keine barocke Monumentalität mehr eigen und doch ist er streng symmetrisch aufgebaut. Über dem Gärtchen erhebt sich der mächtige romanische Palas der Burg, dessen verhältnismäßig große Fensteröffnungen spätere Umbauten erkennen lassen. Sie verraten repräsentative Räume im Inneren der Burg. Der sich dahinter verbergende „**Spiegelsaal**" mit pompösen roten Vorhängen und dunklen Ölbildern in schweren goldenen Rahmen erinnert aber nur dem Namen nach an Nymphenburg oder Versailles, wo moderne bis zu 150 cm hohe Spiegelflächen der Machtentfaltung des Herrschers dienten. Auf Lebenberg handelt es sich vielmehr um einen großzügigen Salon mit entsprechendem Mobiliar, Stuckdecke und weißem Kachelofen im Stile des Rokoko. Eine solche Ausstattung ist für eine Südtiroler Burg eher selten. Für den Adel bedeutete diese Epoche einen Rückzug ins Private, wo vornehme Sinnlichkeit und galante Umgangsformen gepflegt wurden, wo die Kleinigkeiten des Lebens an Bedeutung gewannen. Spiegel und Deckenluster aus Kristallglas fingen hier das Kerzenlicht auf und steigerten so die Zierlichkeit und Eleganz des Saales.

AUF DEM MARLINGER WAALWEG

Der Besuch von Lebenberg lässt sich gut mit einer Wanderung auf dem Marlinger Waalweg kombinieren. Ausgangspunkt ist der Parkplatz in Töll bei Algund. Bis zur Querung der Lebenbergstraße sind es stets eben knapp 8 km; dann noch kurzer Anstieg zur Burg. Anschließend Abstieg nach Tscherms, mit Bus 211 zum Bahnhof Meran und mit der Vinschgerbahn oder Bus 213 zurück zum Ausgangspunkt in Töll.

→ *Gehzeit: 3–3½ h, knapp 10 km, 65 Hm im Anstieg, 280 Hm im Abstieg*

INFOS IN KÜRZE

Schloss Lebenberg, Lebenbergstraße 15, Tscherms, Tel. 0473 561425 oder 320 4018511, avan-rossem@gmx.net; Infos auch über den Tourismusverein Lana, Andreas-Hofer-Straße 7b, Lana, Tel. 0473 561770, www.lana.net

Geöffnet Ostern – Ende Okt., tägl. Führungen, 10.30–12.30 und 14–16.30 Uhr, So. Ruhetag; für Gruppen Anmeldung erforderlich

Erwachsene: 8 €, Gruppen: 6 €, Kinder (bis 14 Jahre): 3 €

Lebenberg ist zu Fuß ab Tscherms auf Weg Nr. 33A in etwa 40 Min. Anstieg (220 Hm) erreichbar; mit dem Auto ab Tscherms über den Ortsteil Basling und die Lebenbergstraße – aber kaum Parkmöglichkeiten.

Das Dorfzentrum Tscherms ist ab Meran bzw. Lana mit Bus 211 erreichbar.

Parkplatz im Zentrum von Tscherms

Auf Lebenberg gibt es keine Einkehr
Haidenhof, Buschenschank, geöffnet Ostern–Allerheiligen, Fr. Ruhetag, Lebenbergstraße 17, Tel. 0473 562392 und 335 7033897, www.haidenhof.it
Leitenschenke, direkt am Waalweg unterhalb der Burg gelegen, Leitenweg 9, Tscherms, Tel. 0473 562358, www.leitenschenke.it

11 Neuhaus oder „Maultasch" Terlan

Die Burgruine Neuhaus im Etschtal bei Bozen liegt auf einem sehr markanten Felsvorsprung. Ihre auffällige Silhouette macht sie zu einem Wahrzeichen der Gemeinde Terlan. Dem Besucher erschließt sie sich, wenn er die Ruine erklimmt.

Die Anlage besteht aus einer Vorburg gegen die Angriffsseite – das ist gewöhnlich der Berghang – und der talseitigen Hochburg mit ihrem charakteristischen Wohnturm auf der Talseite.

BESICHTIGUNG

Die Vorburgen mit **Schwalbenschwanzzinnen**, die **Kapelle** mit Empore aus dem 15. Jh. und ein nach Norden abgesonderter Raum, der

hinter einer Felswand mit **Verbindungstunnel** verschwindet, sind sehr eindrucksvoll. Das wahre Ausmaß und die einzigartige Lage werden an der Talseite offensichtlich. Von hier schweift der Blick über das Etschtal. Ein gigantischer, außen **fünfeckiger Bergfried** wurde hier als Wohnturm aufgezogen. Wahrscheinlich hatte er einen hölzernen Aufbau, eine große **Bogenöffnung** dürfte als Stube oder Sommerlaube gedient haben. Die Südmauer eines vierstöckigen Palas und einige Kellerräume sowie eine Regenwasserzisterne haben sich erhalten.

Maultasch – ein Name wandert

Unterhalb der Burg Neuhaus wird bereits 1236 ein Zoll erwähnt. So entstand an dieser Stelle eine Klause. Da der Landesfürst seine Stellung in Bozen ausbauen konnte, verlor der Zoll bei Klaus immer mehr an Bedeutung, sodass er im 16. Jh. sogar als *„mala tasca"* („schlechter Säckl") bezeichnet wird. Während der Name des Terlaner Ortsteils Klaus noch heute an die einstige Straßenbefestigung erinnert, ging die noch 1774 für die Klause geläufige Bezeichnung „Maultasch" spätestens nach deren Abriss im 19. Jh. auf die Burg Neuhaus über. Der seither für die Burg Neuhaus verbreitete Beiname „Maultasch" leitet sich damit nicht vom Beinamen der Tiroler Gräfin Margarethe ab.

BEWEGTE GESCHICHTE

Planung und Genehmigung, Auf- und Umbau, Zerstörung und Wiederaufbau prägen die Geschichte vieler Burgen: Die Grafen von Eppan mussten bereits 1116 auf die Grafschaft Bozen verzichten, bauten ihr Machtzentrum aber an der rechten Etschseite weiter aus. Als bischöfliche Vögte rangen nun die Grafen von Tirol um die Vormachtstellung in Bozen. So strebte Graf Heinrich von Tirol, der Agnes von Wangen zur Frau hatte, um 1166 den Bau einer Burg bei Terlan an. Das Vorhaben scheiterte noch 1184 am Widerstand des Bischofs von Trient, konnte aber bis zum Jahre 1228 mit dem Bau von Neuhaus umgesetzt werden. Der erste Bau des Bernhard von Neuhaus wird um 1274 teilweise zerstört. Dennoch sollte mit Zinsgütern der umliegenden Gebiete, u. a. aus Hocheppan, ein tirolisches Gericht Neuhaus entstehen, das in seiner Ausdehnung in etwa der heutigen Gemeinde Terlan entsprach. Unter landesfürstlicher Verwaltung wird die Burg ab 1337 deutlich ausgebaut mit einem Wohntrakt nach Süden und dem Bau der beiden Vorburgen. 1374 wird die Burg abermals zerstört und unter den Herren von Niederthor wiederaufgebaut. An dieses Bozner Geschlecht, das bis 1559 verschiedene Gerichtsherren stellte, erinnert das heutige Gemeindewappen von Terlan. Weitere Besitzer der Burg waren ab 1561 Hans Trautson Freiherr zu Sprechenstein, ab 1572 Jakob von Payrsberg und ab 1585 die Freiherren und Grafen Wolkenstein-Trostburg sowie ab 1733 die Grafen Tannenberg bzw. deren Erben, die Grafen Enzenberg. Nach dem Einsturz des Palas 1750 führten Letztere 1883 und 1996 wertvolle Restaurierungen an der Burgruine durch.

Verbindungstunnel

„Lieblingssitz" von Margarethe?

„Maultasch", der ungewöhnliche Beiname der Tiroler Gräfin Margarethe von Kärnten-Tirol (1318–1369), regte zu unzähligen Erklärungsversuchen an. Einer wollte die Burg Neuhaus zum Lieblingsaufenthaltsort Margarethes erklären und davon den Beinamen ableiten, ohne allerdings zu klären, ob er dadurch von der Burg auf die Herzogin oder von der Herzogin auf die Burg überging.
Das 1322 erstmals erwähnte Margarethenpatrozinium der Kirche zu Klaus (heute Ruine, zu Fuß in wenigen Minuten erreichbar ab dem Ortsschild „Klaus" zwischen Klaus und Siebeneich), das auch den Namen des Margarethenwaldes erklärt, mag dazu beigetragen haben, eine Verbindung zwischen der Landesfürstin und der Klause herzustellen. Tatsächlich erfuhr die Burg Neuhaus während der Regierungszeit der Herzogin Margarethe einen wesentlichen Ausbau, da Burg und Klause, wenngleich durch eingesetzte Burgvögte, unter direkter landesfürstlicher Verwaltung standen. Ein möglicher „Lieblingssitz" lässt sich daraus allerdings nicht bestätigen, da auch keine gelegentlichen Aufenthalte der Landesherrin auf der Burg Neuhaus durch historische Quellen erwiesen sind. Tatsache bleibt, dass der Beiname der Klause erst im 16. Jh. auftaucht und noch später auf die Burg übergeht, während der Beiname der Herzogin schon im Jahre 1366 bekannt ist.

Kein Name für eine Herzogin

Die Herzöge von (Ober-)Bayern hatten durch die Ehe Ludwigs V. (1315–1361) mit Margarethe von Tirol die besten Aussichten, das Land Tirol an sich zu bringen. Sie ließen sich diese Erbschaft auch einiges kosten. Nach dem Tod des gemeinsamen Erben kam es allerdings anders: Die Tiroler Landesfürstin übergab ihr Land 1363 an ihre

nächsten Verwandten, die Herzöge von Österreich. Für Bayern bedeutete dieser Ausgang der Tiroler Angelegenheit eine „mala tasca", einen großen Verlust. Während der hübschen Landesfürstin 1366 in der dritten bayerischen Fortsetzung der „Sächsischen Weltchronik" der Beiname „Maultasch" zugefügt wurde und fortan erhalten blieb, konnte die „bayerische Ohrfeige" im Frieden von Schärding 1369 ausgeglichen werden.

Der Beiname „Maultasch" wurde nach dem Tod der Herzogin von päpstlicher und böhmischer Seite als „liederliches Weib" gedeutet und verbreitet. Filippo Villani bezeichnete sie um 1400 als „Medusa", sodass die Herzogin ab 1425 mit einem verunstalteten Mund dargestellt und ihr ein anstößiger Wortschatz unterstellt wurde. Dieses negative Bild wurde 1816 erneut von Jacob Grimm und 1923 durch den Roman „Die hässliche Herzogin" von Lion Feuchtwanger verbreitet.

ÜBER DIE MARGARETHENPROMENADE

Von der Pfarrkirche Terlan durch die Kirchgasse (Markierung Nr. 9) bergan, vorbei am Ansitz Lehenegg bis beim Ansitz Liebeneich rechts der Margarethenweg abzweigt. Auf diesem, die Möltner Straße querend, in ca. 50 Minuten zur Burgruine. Zurück auf dem Hinweg oder – kürzer – über den alten Schlossweg (Nr. 3).

→ *Gehzeit: 1¼ h, 3,3 km, 125 Hm*

INFOS IN KÜRZE

Burg Neuhaus/Maultasch, Terlan

Rund um die Uhr geöffnet

Frei zugänglich

Neuhaus ist nur zu Fuß erreichbar; siehe Wandervorschlag oben.

Das Dorfzentrum von Terlan erreichen Sie entweder mit Bus 201 oder mit der Bahn ab Bozen oder Meran; von dort zu Fuß zur Burg.

Parkplatz nahe dem Kreisverkehr am südlichen Dorfeingang von Terlan; einige Stellplätze auch an der Möltner Straße bei der Einmündung der Margarethenpromenade, ca. 1 km ab Terlan

Keine Einkehrmöglichkeit auf der Burg

Gaudi, Restaurant, Pizzeria, Biergarten in Terlan bei der Abzweigung der Möltner Straße, So. nur abends, Mo. Ruhetag, Tel. 0471 257305, www.gaudi.bz
Restaurant Patauner, Siebeneich, Traditionsgasthaus, empfehlenswerte regionale Küche, Do. Ruhetag (Juli–Ende Sept. So. Ruhetag), 0471 918502, www.restaurant-patauner.net

12 Runkelstein bei Bozen

Der äußeren Form nach ist Runkelstein eine klassische Dynastenburg mit einem großen Palas, bedeutenden Nebengebäuden, einer doppelgeschoßigen Kapelle und einem weitläufigen Innenhof. Der Verfall zu einer Ruine raubte ihr im 19. Jh. den Bergfried. Kaiser Franz Joseph von Österreich ließ die Burg am Eingang ins Sarntal wiederherstellen, ehe er sie 1893 der Stadt Bozen schenkte. Ihre reiche Ausstattung mit wertvollen Wandgemälden macht sie heute zu einer der bedeutendsten Burgen Südtirols.

Am Weg von Bozen ins Sarntal beherrscht die Burg von einem Felsen aus die von der Talfer durchbrochene Talenge. Der Bauplatz musste 1237 wohl erst gerodet werden, glaubt man ihrem Namen, der sich von der Wortverbindung aus romanisch „roncare“, das heißt „roden“, und Stein, gemeint ist der Burgfelsen, ableitet. Die Burgbegründer – die vom Ritten, dem Bozner Hausberg, stammenden, reich begüterten Gebrüder von Wangen – waren Vasallen des Bischofs von Trient; diesem gehörte die mittelalterliche Grafschaft Bozen. Als die mächtigen Grafen von Tirol Bozen an sich bringen konnten, wurde 1277 auch Runkelstein eingenommen. 1385 erwarben Bozner Kaufleute, die eng mit dem burgenbesitzenden Adel versippt waren, die Burg und verliehen ihr eine prächtige Ausgestaltung, die ihre Geisteskultur unter Beweis stellte und noch heute Begeisterung auslöst.

BESICHTIGUNG

Die Burg wird über eine hölzerne **Brücke**, die einst als Zugbrücke hochgezogen werden konnte und einen Graben überspannt, betreten. Der talseitige Palas beherbergt u. a. einen großen Saal mit einer eindrucksvollen **Turnierdarstellung** aus dem Jahre 1402. Adelige üben sich spielerisch im Kampf mit der Lanze. Darunter Darstellungen vom Reigentanz, dem Ballspiel und einiger Jagdszenen. Ein weiterer Wohnraum mit aufgemaltem roten Wandbehang wird irreführend als **Badestube** bezeichnet, da er eine Galerie zeigt, auf der nackte Männer zu sehen sind. Tatsächlich stehen diese aber Fabeltieren gegenüber. An den anderen beiden Wänden erkennt man hingegen Damen und Ritter.
Zur Talferschlucht hin steht ein weiteres großes Gebäude, das **Sommerhaus**. Dort beherrschen literarische Themen aus den Geschichten um den legendären **König Artus** die Zimmer. Ein Großteil dieser Fresken befand sich nach dem Absturz der Burgmauer bereits im Tal, konnte aber geborgen und wieder zusammengeführt werden. An der Hoffassade sind weitere figurative Darstellungen zu sehen. Im Burghof finden in den Sommermonaten **Veranstaltungen** statt. Der Ostteil brannte nach einem Blitzschlag 1672 ab und wurde im 19. Jh. wiederhergestellt – eine Sehenswürdigkeit für sich. Dort werden von Zeit zu Zeit Ausstellungen gezeigt.

Wurferker

Ein Burgtor war vermutlich bereits um 1277 zerstört worden. Das gotische Burgtor von 1531 wurde durch einen doppelten Wehrgang und durch einen Wurferker gesichert. Ein **Wurferker** ist ein kleiner, nach unten offener Vorbau, der vor allem der Verteidigung des Tores diente und häufig mit Schießscharten ausgestattet ist. Früher bezeichnete man diesen Erker gerne auch als Pechnase. Von ihr aus konnte man geschützt Ankömmlinge ansprechen, handelte es sich aber um „unerwünschte Besucher", konnten diese – wenn sie Pech hatten – mit Steinen beworfen, beschossen oder mit heißen oder ätzenden Flüssigkeiten übergossen werden.

Wasserversorgung auf Runkelstein

Das Traufwasser der Dächer wurde mittels Holzrinnen in eine Zisterne oder ein Wasserreservoir geführt. Die älteste im Westpalas erhaltene Darstellung der Burg aus dem Jahre 1390 zeigt aber auch eine Besonderheit: An der nordöstlichen Ringmauerecke gab es zusätzlich einen auf einem Holzgerüst angebrachten Flaschenzug, mit dem ein großer hölzerner Eimer in die Talfer hinabgelassen werden konnte. Das dort gefasste Wasser konnte dann mit einiger Mühe hochgezogen werden. Auf **Katzenzungen** ♜ in Prissian bei Tisens gab es zum gleichen Zweck ein großes Rad.

Tristan besiegt den Drachen

DER BRAND VON 1520

Im Jahre 1520, als Simon Grünberger Pfleger auf Burg Runkelstein war, muss dieser in irgendeiner Weise unachtsam gewesen sein: denn auf der Burg brach ein Feuer aus. Es dauerte nicht lange, bis sich das Pulverarsenal im Bergfried entzündete und eine gewaltige Explosion auslöste. Der Pfleger kam dabei ums Leben. In einer Stube sei „ain merkhlich Loch" entstanden und „das Gemewr zerrissen". Der Turm und große Teile der Tormauer wurden zerstört und stürzten in den Burggraben. Nun bedurfte es eigener Torwachen. Die Instandsetzung des Burgweges und Burgtores samt Brücke sowie der Wasserrinnen zur Zisterne war erst wieder im Jahre 1521 möglich. Die Bezahlung der Arbeiten aber ließ noch bis zum 21. Januar 1528 auf sich warten!

SPAZIERGANG NACH RUNKELSTEIN

Runkelstein ist ab dem Stadtzentrum von Bozen bequem zu Fuß erreichbar. Ab der Talferbrücke (Café Theiner) auf der Wassermauerpromenade bis zu deren Ende bei **Schloss Klebenstein** – unterwegs bietet sich rechter Hand ein schöner Blick auf **Schloss Maretsch**, linker Hand auf den **„G'scheibten Turm"**. Über die St.-Anton-Brücke, gleich links und unter der Brücke durch flussaufwärts, bis eine Rad- und Fußgängerbrücke direkt zum Fuße der Burg führt. Rückweg auf dem Hinweg oder mit öffentlichen Verkehrsmitteln. → *Gehzeit: ¾ h, 2,7 km, 90 Hm (nur Hinweg)*

Burgen und Buckelquader

In Sichtweite von Runkelstein befinden sich etliche weitere Burgen: Richtung Bozen die Burgen **Klebenstein** und **Troyenstein**, Letztere ist aufgrund des runden Grundrisses des Bergfriedes auch als **„G'scheibter Turm"** bekannt. Von einer Fensterbank in der Ringmauer von Runkelstein genießt man einen guten Ausblick auf das höher am Jenesier Berg gelegene **Rafenstein**. Eine weitere, für Südtirol außergewöhnliche Burg liegt nur wenige Hundert Meter taleinwärts: die **Burg Ried**. Sie ist – mit Lichtenwerth in Nordtirol – eine der beiden Flussburgen Tirols und liegt auf einem Felsen, der früher beidseitig von der Talfer umspült wurde. Aus burgenkundlicher Sicht handelt es sich um eine Kernburg, das bedeutet, dass sich die übrigen Gebäude, wie der Palas und die Burgkapelle, direkt an den Bergfried anlehnen. Dennoch gibt es einen etwas jüngeren mit Schwalbenschwanzzinnen besetzten Bering. Diese Zinnenform kam in Bozen in den 1230er-Jahren auf. Eine weitere Besonderheit dieser Burg ist, dass der Bergfried zur Gänze aus **Buckelquadern** errichtet wurde. Jeder einzelne Stein wird dabei buckelig zugehauen und so verbaut, dass er sich auf der Sichtseite buckelartig nach außen wölbt, während der Rand flach abgeschlagen wird. Diese kostspielige und aufwendige Bauweise sollte den Wehrcharakter der Burg steigern. Das übrige Mauerwerk weist sehr regelmäßige Steinlagen auf, wobei die Fugen zwischen den Steinen so verputzt wurden, dass auch hier aufgrund der mit der Kelle gezogenen Striche der Eindruck von behauenen Steinen entsteht. Diese im 13. Jh. gebräuchliche Mauertechnik wird *pietra rasa* genannt. Ried war lange Sitz des Gerichtes Wangen.

INFOS IN KÜRZE

Schloss Runkelstein, Stiftung Bozner Schlösser, Sill 15, Bozen, Tel. 0471 329808, www.runkelstein.info

Ganzjährig geöffnet, außer Mitte Jan. – Anf. Febr.: Di.-So., Mo. Ruhetag, 10–18 Uhr (Mitte März – Ende Okt.), 10–17 Uhr (Anf. Nov. – Mitte März)

Erwachsene: 8 €, Familien: 16 €, Studenten, Senioren: 5,50 €, Schüler: 2,50 €, Zuschlag für Führungen: 2,70 €

Vom Parkplatz bzw. der Bushaltestelle am Fuße der Burg sind es 5–10 Min. steiler Anstieg auf einem Pflasterweg.

Ab Stadtzentrum Bozen: Stadtbuslinie 12 (werktags) und kostenloser Shuttlebus (ab Waltherplatz). An Sonn- und Feiertagen fährt Stadtbus Nr. 14 bis zur burgnahen Talstation der Jenesier Seilbahn

Parkplatz am Fuße der Burg

Burgschenke, Tel. 0471 324073

Gasthaus Schloss Rafenstein, Rafensteiner Weg 38, Bozen, Tel. 0471 971697. Von der Jenesier Straße biegt rechts die schmale Straße zur Burgruine ab.

13 Sigmundskron

Bozen

Wo Etsch und Eisack südlich von Bozen ineinanderfließen, wird ein markanter Porphyrhügel von einer enormen Festungsanlage bekrönt. Erzherzog Sigmund von Österreich ließ sie zwischen 1474 und 1483 nach modernsten Kriterien mit bis zu 5,10 Meter starken Ringmauern und runden Geschütztürmen errichten und nannte sie fortan „Sigmundskron".

Sigmundskron steht als Repräsentationsbau nicht nur auf einem strategisch bedeutsamen, sondern auch politisch herausfordernden Platz. Hier stand bereits die 1111 erwähnte Verwaltungsburg des Fürstbischofs von Trient für die ihm zugehörige Grafschaft Bozen. Aus dieser Zeit stammen die Ruine der Burgkapelle mit Malereien des 11. Jh. und des bischöflichen Palastes sowie der als „Weißer Turm" bekannte Burggrafenturm, der bereits 1370 an die Herzöge von Österreich verkauft wurde. Der Burghügel nahe der Etsch weist bereits frühe Besiedlungs- und Befestigungsspuren auf. Ergrabene Mauerzüge und eine Bestattung verweisen auf die Erstnennung der „munitio formicaria" im Jahre 945 n. Chr. Damit ist Formigar die älteste und wohl auch historisch bedeutsamste Burg des Landes.

BESICHTIGUNG

Sigmundskron beherbergt heute das Messner Mountain Museum Firmian, das sich dem Thema des verzauberten Bergs widmet. Der Parcours durch die Feste führt um die zentrale Bergkuppe herum und bezieht dabei neben den Museumsräumlichkeiten auch die erwähnte Kapelle sowie Ringmauern und Wehrgänge mit ein.

DAS ITALISCHE KÖNIGREICH WIRD TEIL DES HEILIGEN RÖMISCHEN REICHS

Berengar II. von Ivrea hatte Willa, die Tochter des Markgrafen von Tuszien, geheiratet und gegen ihren Onkel, König Hugo I. von Italien, aufbegehrt. 940 floh er zum ostfränkischen König Otto I. und kehrte mit einem kleinen Heerzug aus Schwaben zurück, um schließlich doch noch König von Italien (950–961) zu werden. Bischof Manasse von Trient stellte sich ihm 945 entgegen und beauftragte den Kleriker Adelard mit der Verteidigung der Burg Formigar. Dieser hielt Berengar tatsächlich auf. Als ihm dieser aber verlockende Angebote machte, ließ ihn Adelard ziehen. Berengar wurde von den Städten und Baronen des Landes als Befreier begrüßt, musste sich aber 952 zum Vasallen Ottos I. erklären, wodurch das italische Königreich Teil des Heiligen Römischen Reichs wurde. Die Herzogtümer Verona (mit der Grafschaft Trient) und Friaul fielen damals als königliche Lehen an das Herzogtum Bayern. Nach Berengars Absetzung ließ sich Otto I. 962 in Rom zum Kaiser krönen. Dies begründete die Italienpolitik der deutschen Könige, die unter den Staufern ihren Höhepunkt erreichte, nach Maximilian I. an Bedeutung verlor und 1806 ihr offizielles Ende fand. Die Episode um Formigar mag zwar bedeutungslos erscheinen, dennoch stand die Burg im Schlaglicht einer Weichenstellung, die den Alpenraum und das Heilige Römische Reich maßgeblich beeinflusste.

AUSGANGSPUNKT EINER FUNKTIONIERENDEN LANDESAUTONOMIE

Am 17. November 1957, um 10 Uhr vormittags, fand ein für die Autonomiegeschichte des Landes Südtirol bedeutsames Ereignis auf Sigmundskron statt. Es verleiht der Burg eine zeitgeschichtliche Dimension. 35.000 Südtiroler nahmen an einer Protestkundgebung der Südtiroler Volkspartei teil. Ziel war es, ein neues Stadtviertel für zugezogene Italiener zu verhindern. Der neue Parteiobmann Silvius Magnago forderte mit dem Slogan „Los von Trient" eine Sonderautonomie für die Provinz Bozen und verschärfte damit den Druck auf die Schutzmachtrolle der Republik Österreich, die das „Südtirol-Thema" 1960 vor die UNO brachte. Der friedliche Ablauf der Veranstaltung wird heute als Bewährungsprobe für den späteren Landeshauptmann Silvius Magnago gewertet.

MMM Firmian

Das Messner Mountain Museum betrachtet die Entstehung und Ausbeutung der Berge, die religiöse Bedeutung der Berggipfel und die Geschichte des Bergsteigens bzw. des Alpintourismus. Die Besucher folgen einem Parcours nach eigenem Rhythmus und Tempo. Die verschiedenen Sinne werden durch Klänge, interaktive Installationen, Zitate und Ausstellungsstücke angesprochen. Es stehen Audioguides zur Verfügung.

INFOS IN KÜRZE

Schloss Sigmundskron, MMM Firmian, Sigmundskroner Straße 53, Bozen, Tel. 0471 631264, www.messner-mountain-museum.it

Geöffnet dritter So. im März – zweiter So. im Nov.: 10–18 Uhr, letzter Einlass: 17 Uhr, Do. Ruhetag, Museums-App zum Download. Der Museumsrundgang ist für Gehbehinderte nicht geeignet. Nur der Schlosshof, der Wechselausstellungsraum, die Restaurantterrasse und die Toilette sind mit Rollstuhl erreichbar.

Erwachsene: 10 €, Studenten, Senioren: 8 €, Kinder (6–14 Jahre): 4 €, Familien: 22 €, Gruppen: 8 €, Schulklassen: 4 €, Personen mit Behinderung: 8 €. Außerdem gibt es ein Sammelticket für alle MMM.

Sigmundskron ist mit Auto erreichbar, die Zufahrt zweigt von der Straße nach Girlan ab. Auch ab der Ausfahrt Eppan der Schnellstraße Bozen–Meran ist die Anfahrt ausgeschildert. Vom Radweg Bozen–Eppan führt nahe der ehemaligen Eisenbahnbrücke am Fuße des Burghügels ein Fußweg zur Burg (ca. 15 Min. Anstieg, Markierung Nr. 1).

Bus 132 verkehrt zwischen Bozen und Kaltern, Haltestelle Schloss Sigmundskron an der Girlaner Straße. Von dort sind es zu Fuß knapp 10 Min. bis zum Schloss.

Bewachter, gebührenpflichtiger Parkplatz vorhanden; für Busse bis max. 12 m Länge erreichbar

Restaurant und Café für Museumsbesucher mit zwei Gartenterrassen sowie einem Weinkeller, Tel. 0471 631208, www.schloss-sigmundskron.com

14 Hocheppan

Eppan

Schon ihre beherrschende Lage auf einem Felssporn weit oberhalb von Unterrain im Etschtal verrät den Sitz eines der bedeutendsten mittelalterlichen Grafengeschlechter im Gebirge. Entsprechend beeindruckend sind die Burg und ihre Geschichte.

Weit über die Landesgrenzen hinaus bekannt wurde die Burg aufgrund ihrer Kapelle zur hl. Magdalena. Diese enthält nicht bloß die legendäre Darstellung der **„Knödelesserin"** mit dem angeblich ältesten Abbild des Tiroler Knödels, sondern ist eine Schatzkammer byzantinisch beeinflusster Wandmalerei aus der Zeit um 1200.

BESICHTIGUNG

Kinder mögen sich am weitläufigen Gelände vor der Burg erfreuen: Dort lässt die Ruine eines spätmittelalterlichen Geschützturmes kampflustige Jungritter zu den Holzschwertern greifen. Eigentlich wurde der Turm einst bereits für Feuerwaffen errichtet. So fällt auf,

dass er nur gegen den Angreifer Schutz bietet, während er zur Burg hin geöffnet ist. Dies war sinnvoll, anderenfalls hätte er auch möglichen Eroberern Schutz geboten. Weniger hitzige Kinder können freilaufende Ziegen und kraushaarige Mangalitzaschweine sowie allerhand Federvieh beobachten. Sie tummeln sich im tief in den Fels gehauenen, trockenen **Halsgraben**, der die Burg vom Gelände trennt.

Der Zugang

Einzigen Zugang zur Burg bietet eine lange Holzbrücke. Die Aussicht, die man von ihr ins Etschtal über den Bozner Talkessel bis zu den Dolomiten genießt, ist atemberaubend. Hinter einer mächtigen Vorburg mit Toren und Zwingern ragt markant ein fünfeckiger Bergfried in die Höhe. Dahinter flankieren berg- und talseitig zwei Wohngebäude einen großen Innenhof. Das gewaltige Ausmaß des bergseitigen Palas erschließt sich erst nach einer genaueren Betrachtung. Seine dicken **Schalenmauern** sind dort erkennbar, wo einst ein Teil des Palas in die Tiefe stürzte. Wer genau hinsieht, erkennt in der Palasmauer vermauerte Schwalbenschwanzzinnen, die im 13. Jh. in Mode kamen. Die Schwalbenschwanzzinnen der Ringmauer wurden im 20. Jh. freigelegt. Der Zugang ist mit einem **Wurferker** (siehe Seite 63) bewehrt.

DIE FRESKEN

Die geistliche und weltliche Ausrichtung auf Gott ist auch im Bildprogramm formuliert: Im oberen Bereich des Altarraumes, gegenüber der „weltlichen" Herrschaftsempore, ist die Darstellung Christi mit den Aposteln zu sehen. In den Wölbungen der Apsiden in der Mitte Maria mit dem Christuskind, darunter die klugen und törichten Jungfrauen. Anders als die Klugen, die sich verhüllt und mit vollen Ölgefäßen auf Christus zubewegen, tragen die modisch gekleideten Törichten schwatzend ihre langen Zöpfe zur Schau, weshalb sie den Weg zur Himmelstür nicht finden. In der linken Apsis das Lamm Gottes, auf das Johannes der Täufer und Johannes der Evangelist verweisen, in der südseitigen Apsis blicken Petrus und Paulus auf Christus. Im Sockelbereich der Altäre sind Fabelwesen zu erkennen. Die Wände des Kirchenschiffes erzählen biblische Geschichten: Im oberen Bereich steht der bethlehemitische Kindermord der Verkündigung, der Heimsuchung und der Geburt Jesu gegenüber. Dazwischen, im Bereich der Herrschaftsempore, zeigt sich die Bedeutung des Königtums: die Anbetung durch die Könige, ihr Ritt, ihr Besuch bei Herodes, ihr Traum und ihre Heimreise. Im unteren Bereich das öffentliche Wirken Jesu: an der Südwand die Darstellung im Tempel und die Taufe Christi. Unterhalb der Empore die Hochzeit zu Kana, der Einzug Christi in Jerusalem und zwei weitere Szenen. An der Nordseite die Leidensgeschichte Jesu, wobei im Altarraum der Flucht nach Ägypten die Kreuzabnahme gegenübergestellt wird. Im Sockelbereich der Nordwand ist ein Ritter in Rüstung zu sehen, wohl ein „miles Christi" als Stifterfigur. Die erwähnte „Knödelesserin" ist eine Nebenfigur bei der Darstellung der Geburt Christi.

Eine Doppelkapelle im Geiste der mittelalterlichen Weltordnung

Die St.-Magdalena-Kapelle von Hocheppan geht auf einen Bau des 5./6. Jh. zurück. Ob das Tiefparterre bereits kultischen Zwecken diente, ist ungewiss, obwohl ein dort befindlicher behauener Fels die entsprechende Fantasie anregt. Die *„capel auf Epan“* wird schließlich 1131 (neu) geweiht und könnte mit dem Abschluss der Errichtung der älteren Bauteile der Burg Eppan zusammenfallen.

Die beinahe vollständig erhaltene Freskenausstattung der Burgkapelle im Hochparterre wird in die Zeit um 1200 datiert. Damals besaß sie im hinteren Bereich eine hölzerne Empore, die der Herrschaft, die dem Kaiserhaus nahestand, zur privaten Andacht diente. In der „Leutkapelle“, dem unteren Bereich, wurde die hl. Messe öffentlich gefeiert und der Altarraum war den Priestern vorbehalten.

Schalenmauer

Im Mittelalter wurden Burgmauern häufig als „Schalenmauern" aufgeführt. Das heißt, dass sie außen sauber gesetzte Steine aufweisen, im Inneren aber mit billigerem Füllmaterial aus Steinen und Mörtel gefüllt sind. Bei dicken Mauern musste sich das Füllmaterial gut verbinden und austrocknen, damit dessen Gewicht die Mauerschale nicht auseinanderdrückte. Solche Mauern wurden langsam, Steinlage für Steinlage, hochgezogen. Bei dem auf Hocheppan verwendeten Etschtaler Vulkanit ist der Unterschied zum Füllmaterial nicht sehr deutlich zu erkennen, da dieser leicht spaltbare Stein als Bruchstein Verwendung fand. Bei der Nutzung behauener Steine oder runder Flusssteine wäre dies deutlicher zu erkennen. Nicht zuletzt deshalb, da man Steine in ähnlicher Dimension vorbereitete, um rascher bauen zu können. Daraus entstanden auch die für das hochmittelalterliche Mauerwerk typischen regelmäßigen und waagerechten Steinlagen. Ab dem 12. Jh. treten die längeren Eckverbandsteine immer deutlicher hervor. Nach und nach setzte sich der Bruchstein allgemein durch,

EIN PEINLICHER ZWISCHENFALL

Die Grafen Friedrich und Heinrich von Eppan standen dem Kaiser, der in der Frage der Vormachtstellung mit dem Papst im Streit lag, sehr nahe. Als 1158 im Etschtal eine päpstliche Gesandtschaft auftauchte, um in die damalige Reichsstadt Besançon zu reisen, verübten die Eppaner Grafen einen Überfall auf die hohen Herren. Damals beherrschte der sogenannte Benefiziumstreit die „Tagespolitik". Stein des Anstoßes war das vom Papst verwendete Wort „Beneficium": Der Kanzler des Kaisers übersetzte es als „Lehen" und man fürchtete, der Kaiser des Heiligen Römischen Reichs und in der Folge dessen Fürsten und Bischöfe würden damit zu Vasallen, zu Lehensträgern des Papstes gemacht. Man kann sich die Empörung vorstellen. Der bayerisch-sächsische Herzog Heinrich der Löwe trat als Vermittler in diesem Streit auf. Papst Hadrian IV. entsandte zwei Kardinäle nach Besançon, um mitzuteilen, dass er das Wort nicht rechtlich, sondern wortwörtlich als „Wohltat" verstanden wissen wolle. Das „Dazwischenfunken" der Eppaner hatte Folgen: Der Welfe Heinrich der Löwe verwüstete Eppaner Gebiete. Entgegen anderer Darstellungen blieb der Vorfall eine Episode der Geschichte, mehr nicht. Es kam weder zur Zerstörung der Burg Hocheppan noch zum Machtverlust der Eppaner Grafen. Nach dem Tod Hadrians IV. griff dessen Nachfolger Alexander III. das Thema erneut auf: Wenn das Kaisertum schon kein Lehen des Papstes sei, so sei es womöglich doch ein Ergebnis päpstlicher Gnade …

weshalb die Zwischenräume zwischen den Steinen größer wurden; diese wurden mit Mörtel und **Zwickelsteinen** (Steinstückchen, Steinsplittern) gefüllt. Um behauene Steine vorzutäuschen, ritzte man gerne mit der Kelle waagerechte Linien in den Mörtel. Der sogenannte Mörtelfugenstrich gab der Mauer durch die Schattenwirkung eine von Weitem sichtbare Struktur.

Kreidenturm

Auf dem Weg nach Hocheppan liegt eine kleine Burg im Gebüsch des Waldes, von der sich ein Turm noch gut erhalten hat. Eventuelle Zubauten lassen sich bestenfalls an Balkenlöchern und am den Turm umgebenden Mauerwerk ablesen oder vermuten. Die Burg diente wohl ursprünglich einem Burggrafen als Sitz, später übernahmen die Türmer – die Wächter des Turmes – im Rahmen der Landeskreidefeuerordnung die Aufgabe des Krayens. Das Krayen, das dem Turm Namen und Funktion schenkte, war in Zeiten der Gefahr eine ernsthafte Aufgabe. Die Wächter mussten Alarmsignale an andere Burgen bzw. exponierte Stationen weitergeben, so wie dies beim Kreideturm der **Trostburg** erklärt wird (siehe S. 93). Am Weg zum Burghügel hat sich auch eine gemauerte Wolfsgrube erhalten. Man benützte diese, um Wölfe einzufangen. Die gemauerte Grube wurde mit Ästen und Laub zugedeckt, sodass ein Wolf, angezogen von einem Köder, in diese fallen würde.

EPPANER BURGENWANDERUNG

Eine lohnenswerte Rundwanderung startet beim Parkplatz von Hocheppan (siehe unten), führt vorbei am **Kreidenturm** nach Hocheppan, von dort weiter auf dem Burgenweg zur **Schlossruine Boimont** (Einkehrmöglichkeit). Von dort kurz retour und rechts ab und auf Weg Nr. 14 hinunter zur Stichstraße Richtung Hocheppan und zurück zum Ausgangspunkt.

→ *Gehzeit: ca. 1¾ h, 4,2 km, 330 Hm*

INFOS IN KÜRZE

Burg Hocheppan, Hocheppaner Weg 16, Missian, Eppan, Tel. 0471 662206 (Tourismusverein Eppan), www.hocheppan.it

Geöffnet Ostern – Anf. Nov.: Do.–Di. 10–18 Uhr, die Kapelle ist nur im Rahmen von Führungen zugänglich. Burgführung inkl. Kapelle: 11, 13, 14, 15 Uhr; Kunsthistorische Kapellenführung: 12, 16 Uhr

Freier Eintritt in das Burgareal; Führungen: Erwachsene: 7 €, Senioren, Studenten, Personen mit Behinderung: 5 €, Gruppen: 4 €, Kinder: 3 €, Schulklassen: 2,50 €, Familien: 16 €

Vom Hauptort der Gemeinde Eppan, St. Michael, nach St. Pauls und weiter nach Missian, vorbei am Schlosshotel Korb (Hocheppan stets in Sicht) bis zu einem kleinen Parkplatz. Von dort auf dem Burgenweg (Weg Nr. 12) knapp 40 Min. bis zur Burg (1,3 km, 180 Hm). Die Burg ist nur zu Fuß erreichbar.

Der Eppaner Hauptort, St. Michael (Haltestelle Bahnhof), ist ab Bozen bzw. Kaltern mit Bus 131 erreichbar. Citybus 135.2 fährt einige Male pro Tag bis Missian Zentrum. Von dort sind es zu Fuß bis zum erwähnten Parkplatz knapp 30 Min.

Kurz vor Ende der Straße Richtung Hocheppan liegt in einer Rechtskurve linker Hand der kleine, oben erwähnte Parkplatz.

Burgschenke Hocheppan, traditionelle Südtiroler Küche, saisonale Gerichte, Brettljausen, Do.–Di. 10–18 Uhr, Mi. Ruhetag, Tel. 333 6698212, www.hocheppan.it/burgschenke

Burgschenke Boymont, Anf. Apr. – Anf. Nov.: 11–17 Uhr, Mo. Ruhetag (außer im Okt.), Tel. 0471 636000, www.schloss-hotel-korb.com/schloss/boymont/

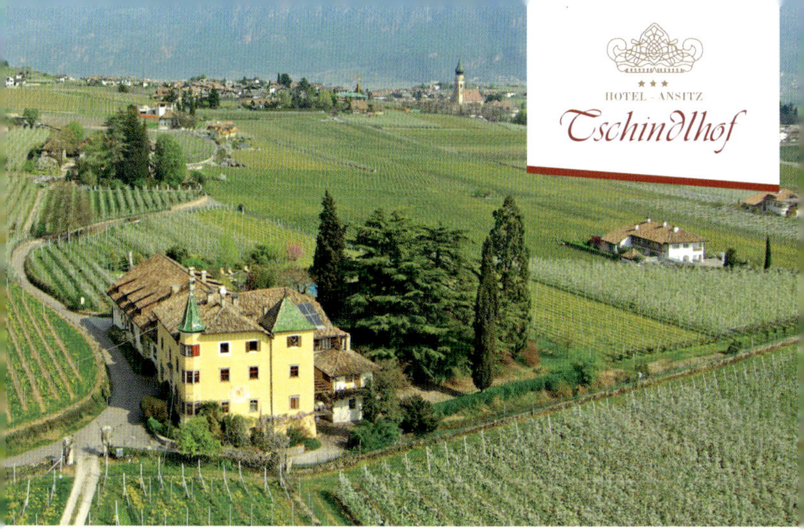

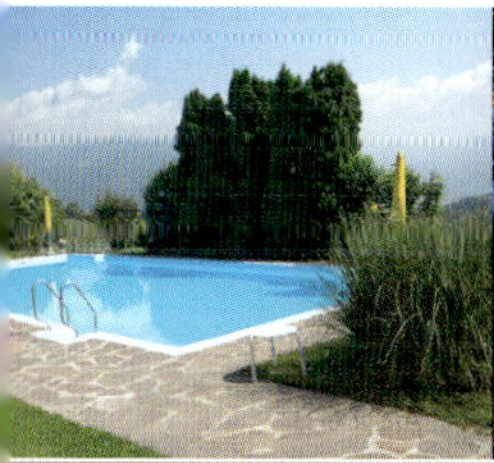

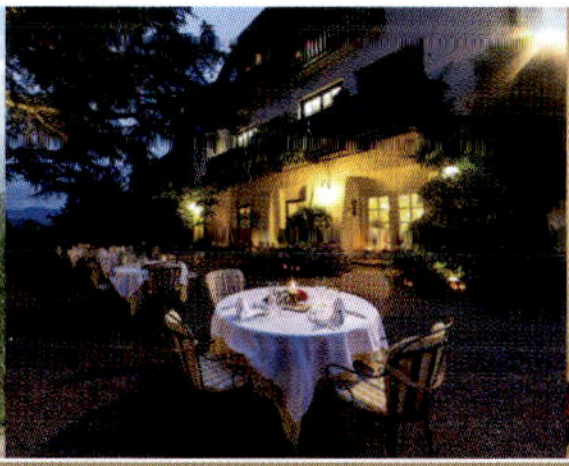

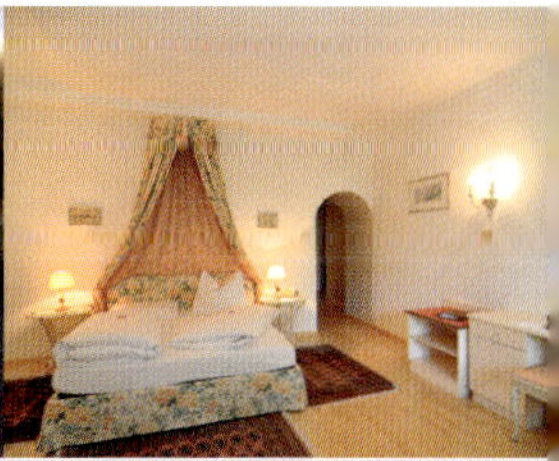

15 Moos

Eppan

Am Fuße der Mendel liegt auf der Rückseite des Eppaner Gleifhügels Schloss Moos in einem nur geringfügig ansteigenden Gelände, das von Natur aus keinen militärischen Schutz bietet. Der ehemalige Sitz eines ritterlichen Dienstmannengeschlechts war ein hochmittelalterlicher Wohnturm und verfolgte kaum wehrhafte Aufgaben.

Damit stellt er einen außergewöhnlichen Burgtypus dar. In der Gotik erfuhr Moos verschiedene An- und Zubauten. Eingebettet in einen Weiler aus mehreren Gebäuden mit einer freistehenden Kapelle behielt der Wohnturm trotzdem sein kompaktes Erscheinungsbild bei. Seine weitgehend ursprünglich erhaltene Innenausstattung reiht Moos unter die besonderen Kleinode der Burgenlandschaft Südtirols.

BESICHTIGUNG

Wer Schloss Moos einen Besuch abstattet, erfährt den Reiz von 24 verschachtelten Räumen auf unterschiedlichem Niveau. Neben einer **gotischen Bohlenstube** ist eine voll eingerichtete **Küche** mit offenem Kamin zu bewundern. Rankenmalereien und die Darstellung von

Löwen hinter gemalten Fenstergittern schmücken das Treppenhaus. Von größtem Seltenheitswert sind die Darstellungen eines **Wunderbaumes**, dessen phallische Früchte in unterschiedlichem Reifezustand von Frauen geerntet werden, und einer Burgbelagerung, bei der ein Mäusefürst über den belagerten Katzenkönig triumphiert. Nicht minder beachtenswert einige Jagdszenen, darunter die Bären- und die Steinbockjagd. Bemerkenswert ist schließlich im Keller eine Dauerausstellung mit Werken der bedeutendsten Tiroler Künstler des 20. Jh.

Der Wohnturm

Der mittelalterliche Wohnturm ist das Ergebnis unterschiedlichster Bauphasen; er entstand um 1300. Dies lässt sich an der Außenfassade aufgrund der regelmäßigen Steinlage seiner Mauer gut ablesen. Sein erstes Obergeschoß ist noch heute über einen Hocheingang zu betreten. Kleine Bogenfenster schenkten diesem und dem zweiten Obergeschoß das nötige Licht. Der Turm stand frei und wurde von einer Einfriedung auf rechteckigem Grundriss umschlossen. Diese hat sich in Teilen noch erhalten. Die weiteren Bauphasen lassen sich ebenfalls am Gebäude ablesen, insbesondere ein südlicher Anbau, dessen Fassade strukturell gestaltet war. Man erkennt noch Spuren einer weißen Quadermalerei, die ein festes Mauerwerk vortäuschen sollte. Weitere Umbauten betreffen das dritte und vierte Obergeschoß. Große, steingefasste Fenster lassen bereits den Einfluss der Spätgotik und der Renaissance erkennen.

gotische Bohlenstube

Die Umgebung

Nach Süden, Richtung Pigenò, gelangt man zum Hotel Stroblhof, wo sich hinter etwas Buschwerk auch die Ruine der mittelalterlichen **Burg Altfirmian** oder der **Turm Englar** ♜ befindet. Bergan gelangt man in 15 Minuten zum beliebten Ausflugsziel Gasthof Steinegger (Markierung Nr. 540 bzw. 7). Gegen Norden führt ein etwa 10-minütiger Fußweg zu einem weiteren ehemaligen **Wohnturm** (Gutsbrennerei Walcher, Turmbachweg 17). Wo dieser sichtbar wird, kann das Auge über die Landschaft schweifen. Man erblickt im Vordergrund **Schloss Freudenstein** ♜ und unterhalb desselben die vielen Ansitze von Eppan-Berg, im Hintergrund die Burgen **Boimont** ♜ und **Hocheppan** ♜. Hinter dem Turm folgt man talabwärts für wenige Schritte dem Lauf eines kleinen Baches und erreicht den Gasthof Turmbach.

ZU DEN EISLÖCHERN

Von Schloss Moos führt südwärts eine Straße über eine kleine Brücke. Dort genießt man eine herrliche Aussicht auf eine Reblandschaft, aus der sich die gotische St.-Sebastian-Kapelle, **Schloss Englar** ♜ (heute Hotel) und **Schloss Gandegg** ♜ erheben. Am Horizont fällt der Blick auf den Mitterberg und die dahinter hervorlugenden Dolomiten. Wo die asphaltierte Straße hangabwärts abbiegt, führt ein ebener Pfad zu den bekannten „Eislöchern" (Weg Nr. 15) – ein vor allem an den warmen Frühjahrs- oder Sommertagen beeindruckendes Naturphänomen. Erdlöcher sorgen dort für hochalpine, kalte Luft und eine entsprechende Pflanzenwelt, während sich bereits am Berghang der Wechsel zum mediterranen Klima erkennen lässt. Ein kurzer Abstecher in dieses idyllische Waldgebiet – der Sage nach soll hier eine eiszeitliche Stadt durch einen Felssturz zerstört worden sein – ist lohnend. Auf dem Rückweg bietet sich eine Einkehr im Stroblhof an.

→ *Gehzeit ab Schloss Moos und retour: ca. ¾ h, 2,2 km, 30 Hm*

INFOS IN KÜRZE

Schloss Moos, Schulthauserweg 4, Eppan, Tel. 0471 660139, www.burgeninstitut.com

Geöffnet Ende März – Ende Okt.: Di.–Sa., Besichtigung nur im Rahmen von Führungen um 10, 11, 15 und 16 Uhr

Erwachsene: 7 €, Familien: 15 €, Gruppen, Studenten, Senioren: 5 €, Schulklassen: 2,50 €

Schloss Moos ist mit Auto über den Eppaner Ortsteil Pigenò erreichbar.

Der Eppaner Hauptort, St. Michael (Haltestelle Bahnhof), ist ab Bozen bzw. Kaltern mit Bus 131 erreichbar. Ins Dorfzentrum fahren die Citybusse 135.1 und 135.2. Von der Haltestelle Pigenò sind es über den Pigenoer Weg etwa 30 Min. Fußweg bis zum Schloss.

Beschränkte Parkmöglichkeiten direkt beim Schloss

Keine Einkehrmöglichkeit in Schloss Moos
Stroblhof, Pigenoer Weg 25, St. Michael-Eppan (Pigenò), Ende März – Anf. Nov., Mo. Ruhetag, Tel. 0471 662250, www.stroblhof.it
Gasthof Steinegger, Matschatscher Weg 9, Eppan-Berg, Mi. Ruhetag, Tel. 0471 662248, www.steinegger.it
Landgasthof Restaurant Bad Turmbach, Turmbachweg 4, Eppan-Berg, Di. Ruhetag, Mi. ab 17 Uhr geöffnet, Tel. 0471 662339, www.turmbach.com

16 Haderburg

Salurn

Extrem beeindruckend ist die Lage der auf einem gigantischen Dolomitfelsen steil emporragenden Haderburg. Ihre strategische Bedeutung erkannten schon die Römer, Goten und Langobarden. Die geographische Engstelle bei Salurn im heutigen Süden Südtirols ist aber schon seit der letzten Eiszeit besiedelt und spielt unter den Langobarden im Jahre 537 eine geschichtliche Rolle, 1035 wird das Dorf als castellum Salurna erwähnt.

Die Höhenburg allerdings muss erst ab den 1160er-Jahren erbaut worden sein und wird 1222 erstmals erwähnt. Maßgeblich ausgebaut wird die Feste von Graf Meinhard II. von Tirol-Görz nach 1282, der damit die Fürstengewalt des Bischofs von Trient zurückweist. 1347/48 wurde die Haderburg erstürmt und gebrochen. Die Burg wurde unter den Herren von Botsch wiederhergestellt und von den Herren von Völs im 16. Jh. mit Wehranlagen und einem großen unteren Burghof maßgeblich an die neuen Feuerwaffen angepasst. Danach verfiel die Anlage zusehends, bis es um die Jahrtausendwende unter Baron Ernesto Rubin de Cervin, einem Nachfahren der ab 1648 mit Salurn belehnten Grafen Zenobio, zu einer umfangreichen Ruinensicherung kam.

BESICHTIGUNG

Seit Errichtung einer neuen Forststraße ist der Zugang zur Ruine ein bequemer Fußweg, der unterhalb der Burg seinen Anfang nimmt. Oben angekommen, erfährt man den ganzen Reiz der militärisch komplexen Anlage, wobei neue Brücken und Wege einen sicheren Rundgang erlauben. An der höchsten Erhebung betritt man talseitig die Überreste eines stattlichen **Wohngebäudes**, dessen große Fensteröffnungen nicht nur einen fantastischen Ausblick auf das Etschtal erlauben, sondern auch eine Vorstellung von einer gehobenen Wohnqualität vermitteln.

Wasserversorgung

Eine Besonderheit stellt die erhaltene Wasserzisterne der Hochburg dar. Sie wurde vom Traufwasser der Dächer gespeist und stammt noch aus der ersten Bauphase des 12. Jh. Die Gerichtsleute von Salurn waren zur Reinigung der Zisterne verpflichtet. Während dieses Vorganges mussten sie ein Fass mit Wasser zur Verfügung stellen. Was der Regen an den drei Folgetagen nicht aufzufüllen vermochte,

WOHNKULTUR UND WEITERENTWICKLUNG DES BURGENBAUES

Die Burgherren der Haderburg stellten sich im 13. Jh. zur Unterstützung der Fürstengewalt des Bischofs von Trient gegen Graf Meinhard II. von Tirol. Dieser erstürmte, zerstörte und eroberte die Burganlage. Wie viele andere Burgen und Herrschaften fiel damit auch Salurn an die Grafen von Tirol-Görz, die auf diese Weise das Land Tirol erst schufen. Die meisten Burgen innerhalb dieser Grenzen wurden zu Gerichtssitzen, andere dem Verfall preisgegeben, die Haderburg aber zwischen 1284 und 1320 wieder neu aufgebaut.
Die zweite Eheschließung der Tiroler Landesherrin Margarethe zog den Kirchenbann und einen Rachefeldzug des Herzogs Konrad von Teck nach sich. Anlässlich der Erstürmung der Burg Greifenstein 1348 wurde auch Salurn gebrochen, sodass es vom Florentiner Bankier Botsch (Boccione de' Rossi) 1353 abermals instand gesetzt werden musste.
Der für viele Tiroler Burgen charakteristische Ausbau zu einem repräsentativen Schloss mit prächtigen Sälen und großzügigen Fensteröffnungen, aber ebenso zu einer modernisierten Festung mit Rundtürmen und Basteien erfolgt etwas später, mit den Kriegen gegen die Bündner im Westen oder, wie auf Salurn, als Kaiser Maximilian I. gegen die Republik Venedig in Waffen stand: zwischen 1497 und 1514 bzw. 1569 unter den Herren von Völs, die zu jener Zeit auch die Burgen Prösels ♜ und Haselburg ♜ stattlich ausbauten. Die wohnliche Burg zog als geistiges Refugium namhafte Protestanten an, 1537 den Prediger Onofrius Griessinger und 1551 sogar den berühmten *praeceptor Germaniae* Philipp Melanchthon.
Mit dem 17. Jh. erlischt das Interesse an den Baulichkeiten und es setzt unmittelbar der Verfall zur Ruine ein. Als solche wird sie ab der zweiten Hälfte des 19. Jh. Gegenstand von Restaurierungen.

musste mit Fässern in die Burg gebracht werden. Die Obere Festung am Berghang und ein eigener Fischtrog wurden im 16. Jh. zusätzlich über Holzleitungen mit Wasser versorgt. Das Wasser lieferten Quellen am Berghang.

Die Burg ohne Namen

Die „Feste von Salurn“ fand häufige Erwähnung, trotzdem blieb sie bis in das 20. Jh. namenlos. Ihren heutigen Namen „Haderburg“ verwenden Südtiroler italienischer und deutscher Muttersprache gleichermaßen, dennoch stammt er erst aus der Burgenliteratur des frühen 20. Jh. Der Name bezieht sich auf den Berg „in der Hader(n)“. Parallel dazu gibt es im Oberdorf von Salurn auch einen Haderhof. Der Name leitet sich von ahd. hard ab, das den Bergwald bezeichnet. Ein mittelalterlicher *Streit* oder *Hader* ist hier somit nicht namengebend.

DER VERSCHOLLENE WEINKELLER

Auf der Haderburg soll es abgesehen von der Zisterne einen Keller mit erlesenen Weinen gegeben haben. Davon berichtet eine Sage. Der Zugang war einem Bauern bekannt, der sich dieser besonderen Quelle auch eifrig bediente. Als er aber sein Geheimnis verriet, verschwand das betreffende Tor auf ewig.

INFOS IN KÜRZE

Haderburg, Trientstraße 53c, Salurn, Tel. 335 602 9 490 (Burgschenke), www.haderburgschenke.com; zusätzliches Veranstaltungsprogramm Förderverein haderburg.klick

Die Öffnungszeiten richten sich nach der mittelalterlichen Burgschenke: Mi.–So. 11–18 Uhr

Freier Eintritt

Nur zu Fuß erreichbar, ca. 30 Min. ab Salurn. Abzweigung des Fußwegs zur Burg, „Weg der Visionen“ in der Trientstraße (beschildert!), unmittelbar unterhalb der von Weitem sichtbaren Burganlage

Salurn ist ab Bozen mit Bus 120 erreichbar. Bis zur Abzweigung des Fußwegs zur Burg in der Trientstraße sind es ca. 15 Min. zu Fuß. Der Zugbahnhof liegt etwas außerhalb jenseits der Etsch.

Parkmöglichkeit im Dorf Salurn, beispielsweise beim Friedhof, etwas nördlich der Abzweigung der Forststraße zur Burg

Burgschenke mit einfachen Gerichten passend zur Jahreszeit, für Gruppen und nach Vorbestellung gibt es ein „Burggelagemenü“, Tel. 335 6029490, www.haderburgschenke.com

17 Prösels

Völs am Schlern

Die Burg liegt, getrennt vom Hauptort der Gemeinde Völs, auf einem vorgeschobenen Felskopf über dem Graben, den der Schlernbach in die Flanke des Eisacktals gegraben hat. Sie besticht durch die Großzügigkeit der Anlage: Eine weitläufige Ringmauer mit Rundtürmen und großzügigen Zwingeranlagen verweist in die Zeit der Feuerwaffen. Regelmäßige spätgotische Fenster lassen größere Säle vermuten.

Im Innenhof angelangt, überrascht eine farbenprächtige Fassadengestaltung, die von einer doppelten Loggia mit zierlichen Säulchen unterbrochen wird. Es ist ein 1876 teilweise neu gefasstes Turnierstechen zu sehen, das den Burgherrn im Wettkampf mit dem römischen Kaiser zeigt. Im Inneren beeindrucken eine kunstvoll gestaltete **Schneckenstiege**, eine Flucht von großzügigen Sälen und eine hübsche kleine **Kapelle**.

Der größte Saal der Burg ist der neugotisch ausgestaltete **Rittersaal**, der ursprünglich aus drei Räumen bestand. Er wurde vom Architekten Fritz Schumacher 1893/94 geschaffen. Eine gedrehte Holzsäule fällt einem sogleich ins Auge. Bemerkenswert sind auch zwei eingebaute Renaissanceportale mit eingelegten Bibelzitaten sowie die Barockschnitzereien an den Fenstern und der Empore. Der Stilmix gibt dem Saal eine besondere Note. Durch eine Tür im Nordosten gelangt man in die **Wagner-Kammer** im Torturm, der sich mit Doppelbogenfenstern reizvoll zum Innenhof hin öffnet. Der Raum ist mit qualitätsvollen Renaissancemalereien geziert, Putti mit Musikinstrumenten, verschiedene Figuren und Grotesken sind zu sehen. Letztere setzten zierlich und dekorativ Gegensätze des Grauens und der Komik in Szene.

BESICHTIGUNG

Neben der Freude an der Besichtigung der Burganlage ist es die besondere Ausstrahlung des Ortes, die jeden Besucher einzunehmen imstande ist. Ein Garten, der auf einen pavillonartigen Raum eines kleinen **Geschützturms** zuläuft, bietet eine so schöne Aussicht, dass man sich von dieser nur ungern wieder trennt. Ein Gewölbe beinhaltet eine reiche und übersichtlich gestaltete **Waffensammlung**. Eine kleine Ausstellung zeigt die jüngsten Grabungsfunde; außerdem kam aus unterschiedlichen Nachlässen eine inzwischen beachtliche Sammlung von Ölgemälden zusammen, die der Öffentlichkeit gezeigt wird. Die Burg Prösels ist nur mit Führungen zu besichtigen. Sie ist aber auch ein beliebter Veranstaltungsort, der für Feiern gemietet werden kann.

Der „Pulverturm"

Der Burg Prösels ist der sogenannte Pulverturm auf einer kleinen Anhöhe vorgelagert. Er ist älter als Prösels und wird als eigenständiger Brixner Ministerialensitz anzusehen sein. Er liegt in auffälliger Weise in einer Blickachse mit der ab 1225 bzw. 1243 bezeugten Trienter Lehensburg Stein am Ritten auf der anderen Seite des Eisacktales und dürfte demnach noch vor 1277 entstanden sein. Es ist daher sehr wahrscheinlich, im Pulverturm einen Teil der bereits 1244 genannten Burg St. Valentinsberg zu erkennen. Dieser kam damit eine strategische Bedeutung am steilen Verbindungsweg von Völs in das Eisacktal und von dort nach Lengmoos auf den Ritten zu. Nur wenn man davon ausgeht, dass es zur Burg Prösels eine Vorgängerburg gab, wird ihre

VON VÖLS NACH PRÖSELS

Von Völs auf Weg Nr. 6 über Wiesen bis zum Völser Bach, kurz danach an einer Weggabelung rechts halten (Weg Nr. 6). Nach etwa 20 Minuten bei einer Brücke rechts abbiegen Richtung Prösels (Weg Nr. 3), im letzten Abschnitt auf dem Sträßchen Ums–Prösels. Rückkehr auf dem Hinweg oder mit Bus 176 Prösels–Völs.

→ *Gehzeit: 1½ h, 4,2 km, 90 Hm im Anstieg, 120 Hm im Abstieg (nur Hinweg!)*

VON PRÖSELS NACH VÖLSER AICHA

Vom Parkplatz bei Schloss Prösels vorbei an der Kirche bergan auf Weg Nr. 5. Bei einer Wegteilung rechts halten (Nr. 5B) und zur tiefer gelegenen Straße nach Tiers. Weiter ins Dörfchen Völser Aicha (Weg Nr. 7). Evtl. Abstecher zum Buschenschank Fronthof. Für den Rückweg nach Prösels folgen wir Weg Nr. 6A.

→ *Gehzeit: 2¼ h, 6,6 km, 340 Hm*

durch den Schlernbach vom Hauptort der Gemeinde Völs getrennte Lage verständlich. Die neue Burg „Presels" entstand somit an einer Stelle, wo Konrad von Säben bereits 1179 ein gleichnamiges Gut besaß, das zur erwähnten Burg St. Valentinsberg gehört haben muss. Jüngste Ausgrabungen nahe der heutigen Burgkapelle mit dem Fund einer spätromanischen Fenstersäule bestätigen diese Annahme. Das Patrozinium zum hl. Valentin und die Ausgrabung eines Armreifens aus dem 6. Jh. sowie ein noch älterer Fund einer römischen Statuette könnten allerdings auf einen wesentlich älteren Kultplatz verweisen.

„TIROLER DEMOKRATIE"

Der Bauernaufstand von 1525 brachte Plünderungen von Burgen, Rüstkammern und Archiven mit sich. Bei der Besetzung von Schloss Prösels, dem Sitz des Landeshauptmanns Leonhard von Völs (1458–1530), fiel den Bauern ein Dokument des Jahres 1342 in die Hände, das den Tiroler Landständen mit Einschluss der Gerichte (Bauernstand) ein Mitspracherecht an der Regierung garantierte. Diese Urkunde – häufig als „Magna Charta der Tiroler Demokratie" bezeichnet – sollte dann die Empörung rechtfertigen.

INFOS IN KÜRZE

Schloss Prösels, Prösler Straße 2, Völs am Schlern, Tel. 0471 601062, www.schloss-proesels.it

Geöffnet Anf. Mai – Ende Okt.; So., Fr., Sa. Ruhetag, Besichtigung nur im Rahmen von Führungen: 11 Uhr (Mai–Okt.), 12, 13 Uhr (Juli–Aug.), 14, 15 Uhr (Mai–Okt.), 16 Uhr (Juni–Sept.). Juli–Aug.: Di. 10.30–12.30 Uhr: Familien- und Kinderführung (Anmeldung erforderlich)

Erwachsene: 9 €, Kinder: 5 €, Gruppen: 6 €

Ungefähr bei Kilometer 5 der Landesstraße nach Tiers zweigt die beschilderte Zufahrt nach Schloss Prösels ab; Anfahrt auch über Völs und Ums möglich.

Bus 176 verbindet etwa fünfmal am Tag Seis, Völs, Ums, Schloss Prösels und Tiers. Von der Haltestelle „Abzweigung Prösels-Tiers" des Busses 185 (Bozen–Tiers) sind es 15 Min. zum Schloss.

Großer kostenloser Parkplatz bei Schloss Prösels

Schlossschenke neben dem Schlosstor
Pröslerhof, in unmittelbarer Nähe der Burg gelegen, Prösels 22, Tel. 0471 601069, www.proeslerhof.it
Gasthof Kircher, Ums 19, Völs, Tel. 0471 725151, www.gasthof-kircher.it
Fronthof, Buschenschank, Bühelweg 2, Völs, Tel. 0471 601091, www.fronthof.com

18 Trostburg

Waidbruck

Auf einem Berghang oberhalb von Waidbruck am Eingang zum Grödner Tal gelegen, ist die Trostburg ein Blickfang für jeden, der durch das Eisacktal reist. Diese Perle unter den Südtiroler Burgen ist aber auch einen Besuch wert.

Eine rund 600 Jahre alte und dekorativ geschnitzte Stube mit einem außergewöhnlichen Dreipassgewölbe gilt als besondere Sehenswürdigkeit. Getäfelte und mit Wandmalereien ausgestattete Zimmer und eine reich geschmückte Kapelle geben Einblicke in die adelige Wohn- und Lebenskultur des 16. und 17. Jh. Zu Recht ist die Trostburg auch „Südtiroler Burgenmuseum“: In drei ausgewählten Räumen wird anhand von 85 Burgenmodellen die Südtiroler Burgenlandschaft erklärt.

Wehrhafte Residenz, Lebens- und Wirtschaftsraum

Die Trostburg war bis 1967 Sitz der Grafen Wolkenstein, eines einflussreichen Tiroler Adelsgeschlechts, und damit auch Elternhaus des berühmten mittelalterlichen Dichterkomponisten **Oswald von Wolkenstein** (1377–1445). Die Burg war Wehranlage, Sitz einer Niedergerichtsbarkeit und Ort politischer Verhandlungen, aber ebenso Mittelpunkt familiären Lebens und landwirtschaftlicher Abläufe. Die Trostburg vermag diese Inhalte noch heute lebensnah zu vermitteln: Im Stall steht Vieh, im Stadel liegt Heu. In einem Keller eines ehemaligen Geschützturmes steht neben anderem landwirtschaftlichen Gerät aus dem Weinbau an ihrer ursprünglichen Stelle eine der größten Torggln des Landes: Die Weinpresse besitzt einen Pressbaum von elf Metern Länge! Einige Räume weiter steht der Besucher in einem prächtigen Saal mit einer bemerkenswerten, wappengezierten Kassettendecke, deren Vorbild wohl im Dom von Volterra in der Toskana zu suchen sein wird. Standbilder von Vertretern der Herren von Wolkenstein in zwei Drittel ihrer Lebensgröße zieren die Wände. Sie wurden aus Alabasterstuck gefertigt, der weißen Marmor nachahmt.

BESICHTIGUNG

Umfangreiche Wehranlagen mit charakteristischen Schießfenstern umgeben die Burg. Auffällig sind einige eng gesetzte, aus der Mauer ragende zugespitzte Holzbalken. Diese „**Sturmpfähle**“ sollten „anstürmenden“ Angreifern das Überschreiten der Burgmauern erschweren. **Eisenbeschlagene Tore** versperrten den Weg ebenso wie ein **Fallgitter**, das sich im ersten Innenhof befindet. Der zweite Innenhof war einst dekorativ ausgemalt. Spuren davon haben sich erhalten, wobei einem dekorativen Stammbaum eine besondere Bedeutung zukommt. Mit einer Führung können die zahlreichen Räume der Burg besichtigt werden. Zu erwähnen ist noch der gotische **Palas**. In ihm befinden sich zwei großzügige Säle mit Wandmalereien. Die Herrenstube zeigt Motive der Jagd und eine amüsante Kochszene, bei der eine Figur im Narrenkostüm den Grill betätigen sollte. Das Frauengemach zeigt einen bunten Wandbehang und eine blühende Rankenmalerei. Dort hat sich auch eine geschnitzte Holzdecke mit Fruchtbarkeitssymbolen erhalten.

Burgkapelle

Die Trostburger Burgkapelle zum hl. Antonius Abt wurde 1604 vergrößert und neu geweiht. Sie enthält eine reiche künstlerische Ausstattung mit zwei großflächigen Deckengemälden, zarten Stuckarbeiten und weiteren Wandmalereien sowie auffällig schön geschnitzte und opulent eingelegte Holzarbeiten. Bemerkenswert ist ein **hölzerner Tabernakel** mit Szenen der Leidensgeschichte Christi. Er diente der Aufbewahrung des Allerheiligsten und stand – nach den Richtlinien des Konzils von Trient – auf dem Altar. In einem Nebenraum der Kapelle, der 1632 mit herrlichen Stuckarbeiten verziert wurde, war eine enorme Sammlung von über hundert Reliquien zur Verehrung ausgestellt. Diese wurden zwar abgemalt und verzeichnet, 1809 aber von einem französischen Offizier entwendet.

Kreidefeuer

Oberhalb der Trostburg hat sich auf einem Felssporn ein Rundturm erhalten. Er war der Landesverteidigung unterstellt. In ihm sollten für Kreidefeuer nötige Utensilien verwahrt werden. Die Bezeichnung leitet sich vom mittelhochdeutschen Wort „crayen" ab, das „alarmieren" bedeutet und noch im deutschen Wort „schreien", im englischen „cry" oder im italienischen „gridare" enthalten ist. Bei Herannahen einer Gefahr hatten eigens bestellte Wächter das Crayen – laute Mörser- oder Böllerschüsse in Begleitung eines 10 bis 20 Meter hoch auflodernden Feuerzeichens – als geräuschvolles und visuelles Alarmsignal zu erkennen und an die nächste Station weiterzugeben: in Sichtweite und exponiert gelegene Burgen bzw. Plätze. Für das Kreidefeuer wurden zwei 6 Meter hohe Bäume oder entsprechende Latten gebraucht. Sie wurden 16 Meter voneinander entfernt aufgestellt und als Riesenfackeln entzündet. Auf diese Weise konnten sie von einem gewöhnlichen Feuer unterschieden werden und gaben ein unverkennbares Signal ab, das das ganze Land in Alarm versetzen konnte. Der Trostburger Turm gab das Zeichen nach Villanders und Säben weiter.

VON WAIDBRUCK NACH TAGUSENS 

Der Besuch der Trostburg kann mit einer Wanderung über noch mittelalterliche Pflasterwege verbunden werden. Von Waidbruck auf Weg Nr. 2 hinauf zur Trostburg (ca. 20 Minuten) und weiter bergan bis kurz vor das Dörfchen Tagusens (evtl. Abstecher dorthin). Rechts ab auf der asphaltierten Straße (Nr. 1A) Richtung Tisens. Nach etwa 30 Minuten wieder rechts ab (Weg Nr. 1) und hinunter zur Trostburg und Waidbruck. Unterwegs gibt es keine Einkehrmöglichkeit.

→ *Gehzeit: 2¾ h, 6,8 km, 550 Hm*

EINE KRITZELEI AUS DER ZEIT OSWALDS VON WOLKENSTEIN

Um 1400 empörte sich der Adel Tirols gegen seinen Landesfürsten, um die ihm zugestandenen Rechte von 1363 zu bewahren. Dabei kam es zur berühmten Burgbelagerung von Greifenstein, bei der erstmals Feuerwaffen zum Einsatz kamen. Eine führende Rolle nahmen die Gebrüder von Wolkenstein ein. Exakt aus jener Zeit hat sich an einer Wand im späteren Frauengemach eine Kritzelei erhalten, die eine Bombarde mit einem gepanzerten Schutzdach zeigt. Oswald von Wolkenstein hielt die explosive Kampfstimmung im Greifensteinlied fest und schrieb: *„Do hub sich ain Gestöber auss der Glut, ... das(s) es alles blut."*
Wenige Jahre später erneuerte sich am 18. Juli 1423 unter Michael von Wolkenstein auf der Trostburg der „Alpenbund", ein Zusammenschluss aus 18 Rittern, sieben Vertretern der Städte und elf Vertretern der Landgemeinden. Da der Bund vom Herzog anerkannt wurde, indem er diesem weitere 36 Personen seiner Wahl gegenüberstellte, kann dieses Ereignis als erster bedeutender Schritt zum Parlamentarismus in Tirol gesehen werden.

INFOS IN KÜRZE

Trostburg, Burgfriedenstraße 22, Waidbruck, Tel. 0471 654401, www.burgeninstitut.com/trostburg_beschreibung.htm. Infos: Südtiroler Burgeninstitut, Tel. 0471 982255. Anmeldung von Führungen: Terese Gröber

Geöffnet Gründonnerstag – Ende Okt.: Di.–So. 11, 14 und 15 Uhr (im Juli und August auch 10 und 16 Uhr), Mo. Ruhetag

Erwachsene: 8 €, Studenten, Senioren: 6 €, Kinder: 5 €

Die Burg ist ab dem Ortszentrum von Waidbruck gut ausgeschildert und über den steilen Schlossweg (bei Regen rutschig) in etwa 20 Min., über den asphaltierten Burgfriedenweg (Fahrverbot) in etwa 35 Min. erreichbar.

Der Bahnhof Waidbruck ist in Zentrumsnähe, der Ort ist auch mit Bus 301 (Bozen–Brixen) und 350 (Bozen–Gröden) erreichbar.

Parkplatz in Waidbruck (Kurzparkzonen beachten)

In der Burg gibt es keine Einkehrmöglichkeit. Mehrere lohnende Buschenschenken im nahen Lajener Ried: **Buchfelder**, Ried 143, Lajen, Tel. 0471 655841; **Buchner**, Ried 144, Lajen, Tel. 0471 655829, 349 3291714; **Putzer**, Ried 127, Lajen, Tel. 0471 655785, 347 4532743; **Pedratscher**, Ried 125, Lajen, Tel. 0471 654020, 333 9266867. Alle aufgefädelt an der ehemaligen Grödner Straße im Lajener Ried gelegen, Öffnungszeiten telefonisch erfragen, meist Sept.–März

19 Velthurns

Feldthurns

Östlich unterhalb des Dorfes Feldthurns gab es beim Pflegerbühel, einer auffälligen Wiesenkuppe, eine im 19. Jh. vollständig abgegangene mittelalterliche Burg mit Bergfried, Palas, St.-Katharina-Kapelle und womöglich noch einem zweiten Turm. Das anstelle des älteren Kohlgrubhofes als „Ziernberg" begründete, heute besser als „Velthurns" bekannte Bauwerk am Rande der Dorfsiedlung soll mit Steinen der alten Burg errichtet worden sein, hat aber im Übrigen mit dieser nichts zu tun.

Das Renaissanceschloss aus der Zeit um 1580 beherbergt derart prunkvolle Säle und wertvolle Wandmalereien, sodass es diesen und dem hohen Rang des Erbauers geschuldet sei, den fürstbischöflichen Jagd- und Sommersitz in diesen Führer über Südtirols schönste Burgen aufzunehmen.

BESICHTIGUNG

Schon die Eingangshalle ist mit zierlichen Weinranken geschmückt. Eine hübsche kleine Kapelle befindet sich in einem Gewölbe des Erdgeschoßes. Ihr Gestühl wurde allerdings in die etwas kleinere und neuere Kapelle in den zweiten Stock verlegt. Staunend bewegt man sich von einem Raum in den anderen und kann sich eine weitere Steigerung der Qualität der intarsierten Getäfel und des geistigen Tiefsinns der Malereien kaum vorstellen. Dass dies dennoch möglich ist, erfährt man im zweiten Stockwerk und insbesondere, sobald man das **Fürstenzimmer** betritt. Dessen Raumdekoration übertrifft wohl alles, was es selbst im überregionalen Vergleich gibt. Dennoch besitzt sie eine Eleganz, die weder kitschig noch protzig, weder schwer noch überladen wirkt, obwohl ihr gewiss kein Hang zur Bescheidenheit oder zum „Understatement" nachgesagt werden kann.

Das Bildprogramm

Die Stuben und Säle des Schlosses sind nicht nur mit schönem Getäfel ausgestattet, sondern folgen jeweils einem Bildprogramm. Dazwischen finden sich natürlich auch immer wieder heraldische Darstellungen, also Wappen der Auftraggeber, vor allem des Fürstbischofs Johann Thomas aus dem Adelsgeschlecht der Freiherren von Spaur.

Im ersten Stockwerk werden die Tugenden und Laster sowie die Überlegenheit des Christentums über die antiken Religionen und das Heidentum thematisiert. Im **Kaplanszimmer** werden die sieben Sakramente und vier Szenen zu Werken der Barmherzigkeit hervorgehoben, in der großen dem Jahreslauf gewidmeten „**unteren Stube**" die Jahreszeiten als – etwas pessimistische – Allegorien des Lebens gesehen. In den Fenstern Allegorien zu Glaube, Hoffnung und Liebe sowie zu Beständigkeit, Gerechtigkeit und Weisheit.
Der **Saal des Obergeschoßes** mahnt zum Frieden, führt aber auch den manchmal unvermeidbaren Krieg ins Treffen: denn der Friede führe zu Handel und Reichtum, aber auch zu Hochmut, Streit und Krieg. Letzterer ziehe dann über die Armut und die Demut wieder den Frieden nach sich. In den Zimmern zeigen die hier besser erhaltenen Fresken die vier damals bekannten Erdteile, die fünf Sinne und verschiedene Gegensätze, wie die königliche Macht gegen die Tyrannei, die gute Politik gegen Neid und Korruption usw. Der später als **Kapelle** verwendete Raum zeigt antike Heldinnen und Helden. Das **Zimmer des Bischofs** wird von christlichen und biblischen Themen bestimmt, während das **Fürstenzimmer** die Weltwunder bestaunt. Reich an Symbolik sind die Intarsienarbeiten, die aufgrund einer neuen Furnierschneidetechnik alles bisher Geschaffene in den Schatten stellen.

Ehemalige Voliere

Neben dem Schloss befand sich ein 1900 m² großer Hirschgarten, der von einer Zinnenmauer umfriedet wurde. Kardinal Andreas von Österreich ließ das Areal Ende des 16. Jh. mit einem feinmaschigen Netz überspannen und machte daraus eine Vogelvoliere. Später wurde sie freilich nur noch als Obstgarten genutzt.

VON KLAUSEN NACH FELDTHURNS

Vom Zentrum Klausens (Parkplatz am östlichen Dorfeingang) auf dem Keschtnweg (Nr. 1), vorbei an **Burg Branzoll**, steil hinauf zum **Kloster Säben** (Besichtigung der Kirchen möglich). Dann weiter zum Weiler Pardell (Einkehrmöglichkeit beim Gasthof Huber in Pardell) und zum Hof Moar zu Viersch. Dort zweigt von der Asphaltstraße rechts der weitere Verlauf des Köschtnwegs ab und führt relativ eben bis Feldthurns und zum **Schloss**. Rückkehr nach Klausen mit Bus 342. → *Gehzeit: 2¼ h, 5,9 km, 430 Hm*

GESCHICHTEN UM DAS FÜRSTENZIMMER

Am Fürstenzimmer sollen sieben Tischler sieben Jahre, sieben Monate und sieben Tage gearbeitet haben. Ebenso seien sieben Holzarten darin verbaut worden. Nicht alles hiervon ist wörtlich zu nehmen, aber es zeigt, dass sich schon früh Legenden um den prunkvollen Saal bildeten. Für die Weltausstellung in Paris im Jahre 1900 wurde der Saal von Schülern in einer verkleinerten Form nachgebaut, um den Qualitätsanspruch des österreichischen Handwerks in die Welt zu tragen.

Hirschgarten, ehemalige Voliere

INFOS IN KÜRZE

Schloss Velthurns, Dorf 1, Feldthurns, Tel. 0472 855525, www.schlossvelthurns.it

Geöffnet Mitte März – Mitte Nov.: Di.–So., Besichtigung nur im Rahmen von Führungen möglich: 10, 11, 14.30 und 15.30 Uhr (im Juli und Aug. auch 16.30 Uhr)

Erwachsene: 5 €, Familien: 10 €, Jugendliche: 3 €, Gruppen, Senioren: 3,50 €, Schulklassen: 2 €

Das Schloss liegt am nordöstlichen Dorfrand von Feldthurns und ist sowohl mit Auto als auch öffentlichen Verkehrsmitteln gut erreichbar.

Bus 342 ab Brixen bzw. ab Klausen-Busbahnhof hält direkt vor dem Schloss.

Parkplatz unmittelbar neben dem Schloss

Im Schloss gibt es keine Einkehrmöglichkeit.

Taubers Unterwirt, ehemaliges Dorfgasthaus, heute Hotel mit gehobenem Restaurantbetrieb, Josef-Telser-Straße 2, Feldthurns, Tel. 0472 855225, www.unterwirt.com
Dorfcafé, Dorfstraße 28, Feldthurns
Gartencafé Tonig Bar, Dorfstraße 22, Feldthurns, Tel. 0472 855216, www.tonigbar.it

EXKURS

Mehr an Wohnkomfort und adeliger Repräsentation

Den neuzeitlichen Anforderungen der Landesverteidigung sind die mittelalterlichen Höhenburgen immer weniger gewachsen. Dagegen macht sich ein vermehrtes Verlangen nach Wohnkomfort und adeliger Repräsentation bemerkbar. So errichtet der Tiroler Landesfürst in der damaligen Landeshauptstadt Meran um 1475 eine bequeme Stadtresidenz, die **Landesfürstliche Burg**. Adelige verlassen ihre alten Wohntürme und ziehen in neu errichtete Sitze. 1475 ziehen die Firmian nach **Englar**, 1550 die Khuen von Belasi nach **Gandegg** oder 1578 die Heufler von ihrem 250 Jahre zuvor bezogenen „Hohen Haus" in Oberrasen auf die gegenüberliegende Straßenseite in den mit schönen Stuben ausgestatteten neuen Ansitz **Rasen**. Selbstverständlich bauen auch die Bischöfe an ihren Residenzen, Jagdschlössern oder Stadtpalais.

Gegen kleinere Übergriffe wollte man sich aber nach wie vor schützen: Zwischen 1622 und 1641 wird von Grund auf Neu-Wolkenstein in St. Christina erbaut. Diese „letzte Burganlage Tirols" sollte als „Veste gegen die Venezianer" verstanden werden. Ihr heutiger Name **Fischburg** verrät allerdings ihre eigentliche Bestimmung zum Jagdschloss, so nehmen die zwei Wohntrakte und Arkadenhöfe schon deutliche Bezüge zur Schlossarchitektur des 17. Jh. auf. Die barocke Anlage **Wolfsthurn** in Mareit (siehe S. 111 ff.) von 1725 ist schließlich das stilreinste Beispiel des auf das Hofzeremoniell des 17. und 18. Jh. ausgerichteten Typus „Schloss" in Südtirol.

EXKURS

DER „BRIEFADEL“ ALS NEUE ELITE

Schon im 14. Jh. finden bedeutende Kaufleute aus dem städtischen Bürgertum Zugang zum burgenbesitzenden Adel. Sie errichteten, wie die Botsch auf **Salurn** und auf **Zwingenberg** bei Tisens oder die Vintler auf **Runkelstein**, ihre Sitze nach Möglichkeit in bisherigen Adelsburgen und hielten in ihrer Geistesbildung auch gerne an ritterlichen Idealen fest. Damit werden sie zum Vorbild für den mit ihnen einsetzenden „Briefadel“. Dieser verdankt seine Erhebung in den Adel einem Gnadenakt des Herrschers, über den eine eigene Urkunde ausgestellt wird. Mit Brief und Siegel bestätigt der Herrscher darin dem Neugeadelten seine Titel, Würden und Rechte sowie ein ihm verliehenes Wappen. Einen solchen Brief konnte der sogenannte „Uradel“ freilich nicht vorlegen, da dieser sich aus der adeligen Geburt (oder ritterlichen Abstammung) legitimierte.
Als Brixner Küchenmeier standen die Palauser am Übergang zwischen Nicht-Adel und Adel. Zwischen 1496 und 1503 war es ihnen möglich, oberhalb ihres Hofes an der Stelle eines älteren Turmes, einen Edelsitz zu errichten. Der Bau hatte keine militärische Bedeutung mehr, entstand aber aus den Erfahrungen aus der Schlacht an der Calven 1499 mit funktionstüchtigen Wurferkern und einer Ringmauer mit Ecktürmen und einer Zugbrücke. Der Landesfürst erhob den Bau zu einem Ansitz und schenkte ihm den Namen **Palaus**, sodass sich die Palauser fortan „von Palaus“ nennen durften. In Eppan waren die als Richter und Steuereinnehmer sehr angesehenen Tschiderer beheimatet. Sie durften sich als Adelige ab 1633 nach ihrem neuen Sitz „von **Gleifheim**“ nennen. Die Herren Franzin waren Besitzer mehrerer Ansitze und nannten sich „Franzin von **Zinnenberg**, **Weißenheim** und **Mareit**“. In Milland bei Brixen gab es einen Hof Winkel, der von seinem Besitzer Karl Hannibal Winkelhofer als Rechteckbau neu errichtet wurde. Der Bau erhielt 1631 ein hohes Walmdach aufgesetzt und wurde mit dem Namen **Karlsburg** zum Ansitz gefreit. Als äußeres Zeichen dieser Freiung ist dort vor dem Haus anstelle einer Ringmauer eine schwere Eisenkette zu sehen. Elemente des Burgenbaues, wie Zinnen, Schießscharten, Türme oder Gräben, wurden zunehmend als Adelsattribute verstanden und erfreuten sich großer Beliebtheit. Sie flossen über das Kunstempfinden des neuen Briefadels in die Architektur der Ansitze des 15. bis 17. Jh. ein.

20 Hofburg

Brixen

Bis um die Mitte des 13. Jh. residierten die Bischöfe von Brixen an der Südseite des Domes, wo sich heute das Bezirksgericht befindet. Hofseitig haben sich dort noch romanische Fensterbemalungen erhalten. Die Hofburg am südwestlichen Rand des historischen Brixen ist damit die neuere fürstbischöfliche Residenz, die Bischof Bruno um 1265 bezog.

Zwischen 1595 und 1610 und in Teilen noch bis 1711 entstand ein vierflügeliger, dreigeschoßiger Bau um einen Innenhof mit zwei mächtigen südseitigen Türmen. Je sieben Arkadenbögen mit darüber liegenden Loggiengängen schmücken die Süd- und Nordseite des Hofes, während die Fassade des Westtraktes von einem aufwendig gestalteten Portal zur Hofkapelle geprägt wird. Ein Wassergraben schützte die Burg. Seit 1973 wohnen die Bischöfe in Bozen. Die Hofburg wurde Diözesanmuseum und -archiv.

BESICHTIGUNG

Der Rundgang durch die Hofburg folgt heute vor allem dem musealen Konzept, wobei die außergewöhnliche **Krippensammlung** im Anschluss an den Kassenraum im Parterre nicht außer Acht gelassen werden sollte. Im ersten Stockwerk sollte man rechts vom Stiegenaufgang den Blick in die **Hofratskanzlei** nicht versäumen; danach bietet es sich an, durch die Zimmerfluchten zu lustwandeln, da das

Museum außergewöhnliche Kunstschätze vom Mittelalter bis zum Barock zeigt. Während dieses Rundgangs gelangt man auch zu den Räumen, in denen der **Domschatz** gezeigt wird. Ferner ergibt sich ein schöner Blick von der Empore in das Kirchenschiff der **Hofkapelle**. Fürstbischof Kaspar Ignaz Graf Künigl ließ die 1711 geweihte Kapelle errichten. Der Saalraum wurde von Kaspar Waldmann ausgemalt, insbesondere die Darstellung der Himmelfahrt und Krönung Mariens an der Decke kommt hier besonders gut zur Geltung.
Im zweiten Stockwerk sind noch etliche Säle für Kunstwerke des Barocks bzw. des 19. und 20. Jh. sowie für die laufenden Sonderausstellungen reserviert. Hier lohnt sich der Besuch des Westflügels mit dem **Kaiser- und Bischofstrakt**.

Hofratskanzlei: Einblick in die fürstbischöfliche Verwaltung

Außergewöhnlich sind zwei „bescheidene“ Räume, die **Hofratswartestube** und die **Hofratsstube**. An den Wänden aufgemalte Wappen berichten von den Lehensträgern des kleinen Fürstentums Brixen und von den Zusammensetzungen der einzelnen Hofräte zwischen 1542 und 1791.

Kaiser- und Bischofstrakt

Einer barocken Prunkentfaltung einer Fürstenresidenz unterliegen natürlich die Räume des Kaiser- und Bischofstrakts. Dem Empfangssaal kommt eine besondere Rolle zu. Er wurde erst 1711 fertiggestellt und unterliegt damit dem Zeitgeist des österreichischen Barocks. Eine schwere Illusionsmalerei mit einer Darstellung der Göttlichen

Weisheit schmückt die Decke. Dort aufgehängte Wandteppiche verleihen dem Saal etwas Majestätisches. Ganz anders zeigt sich das sogenannte **Chinesische Kabinett** mit seinen Wandtapeten, die in zarten Tönen chinesische Landschaftsszenen zeigen. Absolut erwähnenswert sind schließlich die schönen Kachelöfen, vorwiegend aus dem 16. bis 18. Jh.

Adlerkasel

Eine der interessantesten Preziosen des Domschatzes in der Hofburg ist die Adlerkasel. Der liturgische Umhang ist mit wertvollem roten Seidenstoff aus Byzanz hergestellt und zeigt mehrfach den Adler des römischen Kaiserreiches. Das Messkleid soll vom hl. Albuin stammen und dürfte noch im 10. Jh. angefertigt worden sein.

DIE AHNEN EINES BRIXNER KARDINALS

Kardinalfürstbischof Andreas von Österreich (1558–1600) gab zur Dekoration der Loggien der Brixner Hofburg 44 Tonskulpturen in Auftrag. Sie sollten die habsburgischen Ahnherren des Kardinals darstellen und in Nischen an den Pfeilern des ersten Obergeschoßes angebracht werden. Der Münchner Bildhauer Hans Reichle (1570–1642) begann noch im Jahre 1596 mit deren Herstellung. Er folgte dabei den Entwürfen des Francesco Terzio aus Bergamo, während das Konzept vom Baumeister Alberto Lucchese stammte, der auch am Saalbau des Fugger-Schlosses Kirchheim an der Mindel beteiligt war; dort füllen ebenfalls Statuen diverse Nischen. Die für Brixen bronzefarben gefassten Figuren wurden 1601 fertiggestellt. Da aber nicht alle Arkaden wie geplant umgesetzt wurden, fanden nur 24 der 44 Figuren tatsächlich ihren Platz. Weitere befinden sich an anderen Orten, während sieben als verschollen gelten. Der Zyklus beginnt mit dem legendären ersten Merowingerkönig Pharamund (um 420 n. Chr.) und reicht bis Ferdinand II. von Tirol, den Vater des Kardinals. Margarethe von Tirol, Maria von Burgund, Johanna von Aragon und Kastilien und Anna von Böhmen und Ungarn sollten als weibliche Vorfahren in den Hofecken Platz finden. Eine ähnliche „Ahnengalerie“ wird vom Freiherrn Engelhard Dietrich von Wolkenstein 1607 auf der **Trostburg** verwirklicht.

Hofratswartestube

INFOS IN KÜRZE

Hofburg mit Diözesanmuseum, Hofburgplatz 2, Brixen, Tel. 0472 830505, www.hofburg.it

Geöffnet Mitte März – Ende Okt.: Di.–So. 10–17 Uhr; Ende Nov. – Anf. Jan.: 10–17 Uhr, tägl. außer 24./25.12., aber nur Krippensammlung, Kaisertrakt und Sonderausstellung

Erwachsene: 8 €, Senioren, Gruppen, Studenten: 6 €, Schüler: 2,50 €, Kinder bis 12 Jahre frei
Winter: Erwachsene: 5 €, Senioren, Gruppen, Studenten: 4 €, Schüler: 2 €, Kinder bis 12 Jahre frei

Die Hofburg ist wenige Meter vom zentralen Domplatz in Brixen entfernt. Vom Zugbahnhof sind es knapp 20, vom Busbahnhof 10 Min. zu Fuß.

Bahn Brenner–Bozen (Linie 100), Bus 301 Bozen–Brixen, Bus 401 Bruneck–Brixen

Gebührenpflichtiges Parkhaus in der Dantestraße, 10 Min. zu Fuß zur Hofburg

Keine Einkehrmöglichkeit in der Hofburg
Restaurant, Café, Konditorei Fink, Traditionsgasthaus, gute Küche, Di. abends und Mi. Ruhetag, Kleine Lauben 4, Brixen, Tel. 0472 834883, www.restaurant-fink.it
Finsterwirt, historischer Gasthof, So. abends und Mo. Ruhetag, Domgasse 3, Brixen, Tel. 0472 835343, www.finsterwirt.com

Ringmauer
Brücke

21 Reifenstein bei Sterzing

Im Wipptal wird das Gebiet südlich von Sterzing maßgeblich von zwei sich gegenüberliegenden Burganlagen geprägt. Auf einer exponierten Felsnase im Osten liegt die ***Burg Sprechenstein*** *der Fürsten Auersperg-Trautson. Die ältere Anlage der Grafen Thurn und Taxis im Westen, Reifenstein mit der St.-Zeno-Kapelle, beherrscht einen sanften Burghügel, der sich aus dem Sterzinger Moos erhebt.*

Aufgrund dieser Lage wird der Name der Burg verständlich, der sich vom romanischen „ripa", das „Ufer" bedeutet, ableitet. Wie kaum eine andere spiegelt diese Anlage den klassischen mittelalterlichen Burgencharakter wider.

BESICHTIGUNG

Hinter einer zinnenbekrönten Ringmauer ragt ein **Bergfried** hervor, an den sich ein massiver **Wohnturm mit Doppelbogenfenstern** anlehnt. An diesen kompakten Kern schließen noch zwei gotische Gebäude an. Im Innenhof fällt eine runde Ummauerung auf, hinter der sich ein Brunnenschacht verbirgt. Wie gewöhnlich befindet sich auch hier das **Verlies** im Erdgeschoß des Bergfrieds. Seine Einstiegsluke, das sogenannte Angstloch, hat sich am Boden des 6,5 Meter darüber liegenden Stockwerkes samt der gezimmerten Abdeckung erhalten. Östlich davon beeindruckt eine rauchgeschwärzte **Küche** durch ihre Ursprünglichkeit. Der Boden wird teilweise vom gewachsenen Felsen gebildet, über den behelfsmäßig einige Bodenbretter verlegt wurden. Den Höhepunkt der Besichtigung bilden aber zwei Säle des gotischen Zubaus: zum einen die gotische Stube, die auch als **Kapitelzimmer** bezeichnet wird, nachdem sich die Burg durch viele Jahrhunderte im Besitz des Deutschen Ritterordens befand. Sie ist reich geschnitzt und teilweise sogar farbig gefasst. Bemerkenswert ist ein darin befindlicher Kacheloten. Von außergewöhnlicher Bedeutung ist allerdings zum anderen der 1498 geschaffene **„Grüne Saal"**, der seinen Namen von der beherrschenden

Holzverschläge

Rankenmalerei in Grün-in-Grün-Technik ableitet. Dabei werden Ranken, Früchte, Figuren und Tiere mit schwarzen Schattenrändern und ockerfarbigen Linien auf die grüne Grundfläche gezeichnet. Von besonderer Schönheit ist ein **spätgotisches Holzgitter**, das den **Kapellenerker** vom Saal trennt.

„Auch Wachen müssen schlafen!"

Im Wohnturm der Burg Reifenstein hat sich eine Besonderheit erhalten: Zur Unterbringung von Kriegsknechten wurden an zwei Seiten des Raumes 1,60 Meter hohe **Holzverschläge** eingesetzt. Diese wurden mit Stroh ausgelegt, um der Wachmannschaft im ansonsten ungeheizten Raum als Schlafkammern zu dienen. Bei den im Mittelalter aufkommenden Himmelbetten wurden die hölzernen Seitenwände dann entfernt oder durch Vorhänge ersetzt.
Holzverschläge dieser Art finden auch in der **Bohlenstube** ihre Parallele. Deren Wände wurden ebenfalls von sehr dicken, hochkantig übereinandergesetzten Holzbrettern (Bohlen) in der Art einer Holzkiste gezimmert. Auf der **Burg Summersberg** haben sich im Dachgeschoß aneinandergereiht mehrere derartige Bohlenstuben erhalten. Erst in späterer Zeit wurde es üblich, die Raumaufteilung durch hochgezogene Mauern vorzunehmen, weshalb die kühlen Steinmauern oft erst nachträglich zur Gänze oder in Teilen vertäfelt wurden. Daraus entstand dann die klassische Stube, wie wir sie heute kennen.

WASSER FÜR DIE BURG

Besonders eindrucksvoll ist der Brunnenhof. In einem Radius von etwa 2½ Metern umgibt eine bis zu 2 Meter hohe Mauer in Halbkreisform als Mantel einer Filteranlage einen in sandiges Erdreich eingesenkten zylindrischen Brunnenschacht aus Tuffstein. Dieser steht in 7 Metern Tiefe auf Felsen auf. Das Regenwasser, das von den zum Hof gekehrten Pultdächern eingefangen wird, sickert durch den Sand und sammelt sich gereinigt im Brunnenschacht.
In anderen Burgen war man mitunter darauf angewiesen, das Wasser mühsam aus nahe gelegenen Gewässern auf die Burg zu tragen oder bestenfalls mithilfe eines Flaschenzuges heraufzuziehen – beispielsweise auf **Runkelstein** (siehe S. 63) bei Bozen. Um dies zu vermeiden, wurden auch Wasserzuleitungen gelegt, die aus Stein, Holz oder gebranntem Lehm sein konnten. Die schon bei den Römern bekannten Bleirohre kamen im heutigen Südtirol erst wieder im 17. Jh. in Mode. Solche Wasserleitungen konnten jedoch von Feinden unterbrochen werden, deshalb bemühte man sich um autonome Lösungen: Es konnte eine Quelle angezapft, Sickerwasser aus dem Fels gesammelt oder – was hierzulande eher selten ist – durch Grabung eines Zigglbrunnens Grundwasser genutzt werden. In den meisten Fällen wurde das gefilterte Wasser in Zisternen oder Reservoirs gesammelt. Es gab Brunnenschächte von 2 bis 9, meist aber von 5 bis 7 Metern Tiefe. Die Schachtöffnungen lagen in der Regel bei 60 bis 80 Zentimeter.

St.-Zeno-Kapelle

Abseits der Burganlage befindet sich die 1330 erstmals genannte und 1663 neu geweihte **Burgkapelle**. Das barocke Altarblatt zeigt die hll. Zeno und Georg, wobei Letzterer in der Rüstung eines Deutschordensritters dargestellt ist. Der hl. Zeno war Bischof von Verona und wurde besonders gegen Hochwasser verehrt. Das Patrozinium könnte auf eine ältere Burganlage „Uuipitina" verweisen, die 827 erwähnt wird. Aus dem 4. bis 8. Jh. stammen acht **Baumsärge**, die unterhalb der Burgkapelle gefunden wurden und von denen zwei in der Burg Reifenstein während der Führungen gezeigt werden.
→ *Gehzeit: ca. 1 h, 2,9 km, 130 Hm*

DURCH DIE GILFENKLAMM

Von Reifenstein sind es wenige Kilometer bis Stange am Eingang des Hochtals von Ratschings. Dort führt ein spektakulärer (gebührenpflichtiger) Weg durch die Gilfenklamm und nach Erreichen der Ratschinger Talstraße (ca. 50 Minuten) auf der orographisch rechten Seite über die **Ruine Reifenegg** (Weg Nr. 1A) wieder zurück nach Stange. → *Gehzeit: ca. 2 h, 5,6 km, 280 Hm*

INFOS IN KÜRZE

Burg Reifenstein, Elzenbaum, Freienfeld, Tel. 339 2643752, www.sterzing.com

Geöffnet Anf. Apr. – Ende Okt.: So.–Fr., Sa. Ruhetag, Besichtigung nur im Rahmen von Führungen: 10.30, 14, 15 Uhr, Mitte Juli – Anf. Sept. zusätzlich um 16 Uhr. Nur nach Vormerkung: Gruppen über 15 Personen sowie englischsprachige Führungen (Mi. und So. 15 Uhr)

Erwachsene: 7 €, Kinder bis 6 Jahre frei, bis 14 Jahre: 4 €, Gruppen: 6,50 €, Schulklassen: 3,50 €

Zufahrt von der Staatstraße (SS 12) östlich von Sterzing (Abzweigung Elzenbaum). Vom Parkplatz am Fuße der Burg sind es knapp 400 m Fußweg.

Parkmöglichkeiten nordseitig am Fuße der Burg

Bus 310 verbindet Brixen mit Sterzing. Von der Haltestelle „Abzweigung Elzenbaum, Sterzing" sind es rund 20 Min. zum Schloss.

Keine Einkehrmöglichkeit in der Burg
Hotel Restaurant Lilie, Neustadt 49, Sterzing, Mo. Ruhetag, Tel. 0472 760063, www.hotellilie.it

22 Wolfsthurn *Ratschings, Mareit*

Das einzige Barockschloss Südtirols steht erhaben oberhalb der kleinen Ortschaft Mareit im Bergtal Ridnaun. Gegenüber dem Eingang zur sehenswerten Pfarrkirche beginnt ein Fußpfad, der zum Schloss hinaufführt.

Die regelmäßige, in zartem Altrosa gehaltene Anlage mit zwei Türmen und einem Mittelrisalit, das ist ein leicht hervorspringender Gebäudeteil, wirkt schon sehr vornehm. Genau genommen handelt es sich dabei aber um die Rückseite des Schlosses. Die eigentliche, heute private Zufahrt erfolgt weiter im Talinneren über eine Allee und einen Vorhof durch einen **Torturm** mit Kavalierstrakt, in dem u. a. die Pferdestallungen untergebracht waren, in einen großen Ehrenhof mit marmornen **Springbrunnen**.

Barocke Repräsentation

Schon daraus wird die im Barockzeitalter zunehmend wichtiger werdende repräsentative Aufgabe eines Schlosses ersichtlich. Dazu gehören eine großzügige **Kutscheneinfahrt**, feierlich inszenierte Treppenaufgänge, elegante Vorhallen und prunkvolle Säle sowie Fluchten von **Salons** im Inneren des Schlosses. Dem symmetrischen Grundriss des Schlosses samt dazugehörenden Gartenanlagen gilt ebenso Beachtung wie dem Blick aus den zumeist bereits durchsichtigen Fenstern – mittelalterliche Butzenscheiben ließen zwar Licht herein, aber nicht den Blick nach draußen wandern. Barocke Spielereien zeigen sich beispielsweise in der Anzahl der Fenster und Türen, so soll es in Wolfsthurn 365 Fenster und 52 Türen geben.

BESICHTIGUNG

Als **Südtiroler Landesmuseum für Jagd und Fischerei** hat das Schloss mittelfristig eine neue Bestimmung erhalten. Besuchern wird vor allem ein kulturhistorischer Eindruck von der Jagd und der Fischerei vermittelt, die auch einen wichtigen Bestandteil der Adelskultur darstellen. Im Rahmen des Museumsbesuches gelangt man auch in die mit reichem Stuck und mit wertvollen Wandbehängen gestalteten Prunkräume. Eine Seltenheit für Südtiroler Burgen stellt die **Rokokoausstattung** dar. Manche Zimmer weisen prachtvolle Öfen und besonders farbenprächtige Haartapeten aus dem 19. Jh. auf. Spätbarocke Freude strahlt die **Schlosskapelle** aus, die auch von einer Empore aus eingesehen werden kann. In ihrer unberührten Gesamtheit gilt sie als einer der schönsten Kirchenräume Tirols.

BESITZER

Vertieft man sich in die Entstehungsgeschichte, so stößt man auf einen Turm in Mareit, dessen Inhaber dem Grafen von Eppan-Ulten zur Treue verpflichtet war. Dieser Turm steckt noch im Südturm des heutigen Schlosses. Das Obereigentum an dieser Eppaner Enklave im Wipptal gelangte 1242 durch Verkauf an die Grafen von Tirol, die den Turm an die Wölfe von Mareit verliehen. Den Wölfen verdankt die Burg ihren Namen Wolfsthurn. Diese Wölfe dürften auch Eppaner Burggrafen von **Andrian** im Etschtal gewesen sein, sodass der Name Wolfsthurn um 1430 auch auf den **Andrianer Turm** überging – heute übrigens ein landwirtschaftlicher Betrieb, der Urlaub auf dem Biobauernhof anbietet (www.burgwolfsthurn.it). Nach dem Mareiter Schloss nannten sich dann um 1600 auch die Grebmer von Wolfsthurn, die es großzügig ausbauten.

Um 1725 kaufte schließlich Franz Andreas Wenzl Freiherr von Sternbach, der mit Elisabeth Freiin von Völs-Colonna verheiratet war, den Turm und das Schloss Wolfsthurn. Ihm gehörten auch die Wipptaler Herrschaften Sterzing, Straßberg und Moos. Baron Sternbach erbaute ein neues Schloss und fügte diesem einen zweiten Turm hinzu. Beide erhielten ein Mansardwalmdach mit aufgesetztem Laternentürmchen. Die beschwingte Dachform findet sich im Torturm und im talseitigen Eingangstürmchen wieder und unterstreicht in verspielter Manier die höfische Funktion des Vortraktes. Das Konzept der zweifachen Abstufung der wichtigsten Dächer wird in der Ansicht der Schlosssilhouette übersteigert. Die Vielzahl an Fenstern verleiht dem Schloss festliche Eleganz.

NATURKUNDLICHER LEHRPFAD 

Am Fuße des Schlosses, bei der Kirche Mareit, beginnt ein naturkundlicher Lehrpfad, der gegen den Uhrzeigersinn Wolfsthurn umrundet. Mit Schautafeln und mehreren Installationen vom Dachsbau über eine Wolfsgrube bis hin zu einer Anlage, die die Sprungweite des Wildes veranschaulicht. → *Reine Gehzeit (ohne Zwischenhalt bei den einzelnen Stationen): ca. ½ h, 1,4 km, 50 Hm*

Jagdzimmer

Im zweiten Stockwerk befinden sich zwei Räume, die als Jagdzimmer bekannt sind. Ihr auffälliger Schmuck sind bemalte, aber sehr grobe Stoffbehänge, auf denen vorwiegend in Braun- und Grüntönen gehaltene Jagdszenen einer höfischen Gesellschaft dargestellt sind. Von diesen heben sich einige Figuren und Ausschmückungen in einem kräftigen Himmelblau ab. Man erkennt Fuchs- und Saujagd sowie eine Falkenjagd. Eine glaubwürdige Erzählung berichtet, dass die hier zu sehenden Wanddekorationen in Wahrheit die Vorzeichnungen für gewobene Wandteppiche waren. Erst als die wertvollen Originale zur Bezahlung einer Sicherstellung von Unterhaltskosten beim Eintritt einer jungen Baronesse von Sternbach in ein Kloster veräußert werden mussten, wurden die Vorlagen vom Dachboden des Schlosses geholt und als Ersatz aufgehängt.

INFOS IN KÜRZE

Schloss Wolfsthurn – Südtiroler Landesmuseum für Jagd und Fischerei, Kirchdorf 25, Ratschings/Mareit, Tel. 0472 758121, www.wolfsthurn.it

Geöffnet Anf. Apr. – Mitte Nov.: Di.–Sa. 10–17 Uhr, So. und Feiertage 13–17 Uhr, Mo. Ruhetag

Erwachsene: 6 €, Gruppen, Senioren, Studenten: 4,50 €, Schulklassen: 1 €, Familien: 12 €

Von Sterzing Richtung Ridnauntal, dann rechts nach Mareit abbiegen. Vom Parkplatz sind es, vorbei an der Kirche, wenige Minuten zum Schloss. Der Weg ist mit Rollstuhl nicht befahrbar. Menschen mit Gehbehinderung können sich telefonisch unter 0472 758 121 melden.

Großer Parkplatz in Mareit

Bus 312 fährt von Sterzing nach Ridnaun: Haltestelle „Mareit“ beim Parkplatz.

Keine Einkehrmöglichkeit in der Burg
Hotel Sonklarhof, gute Küche, Dorf 16, Ridnaun, Tel. 0472 656212, www.sonklarhof.com
Gasthof Schöneck, einfache Einkehr, ca. 1 km hinter dem Schloss, Nassereit 5, Mareit, Tel. 0472 758155

23 Rodenegg

Rodeneck

Die langgezogenene, sich über 200 Meter erstreckende Burg liegt beeindruckend auf einem steil abfallenden Burgfelsen. Dieser wird in rund 900 Metern Tiefe an drei Seiten von der Rienz, dem Hauptfluss des Pustertals, umspült und ist durch einen tiefen Graben vom übrigen Gelände der Ortschaft Rodeneck getrennt.

Über eine lange Holzbrücke, die ursprünglich teilweise hochgezogen werden konnte, und durch einen gut befestigten **Torturm** gelangt man durch eine weitere Torbefestigung mit Zugbrücke und **Fallgitter** in den Burghof. Ein Gletscher muss in Urzeiten den Felsboden abgeschliffen haben. In diesem Bereich wird der Hof noch von einem langen Wehrgang beflankt, bis man von einheitlich weiß gekalkten Gebäuden umgeben wird. Unterschiedliche Baustile prägen die scheinbar spätgotische dreiflügelige Anlage nachhaltig.

BESICHTIGUNG

Wer nach Rodenegg kommt, möchte vor allem den berühmten **Iwein-Zyklus** sehen, die älteste profane, also nicht-sakrale Wandmalerei im deutschen Sprachraum. Der erste Blick fällt aber auf die äußerst farbenprächtige und detailreich ausgemalte **Michaelskapelle**. Daneben fällt ein zweigeschoßiger vorspringender Bau auf, in dem sich ein **Brunnenschacht** befindet. Mithilfe eines Rades kann ein Kübel hinabgelassen werden, um aus der 7 Meter tiefen Zisterne gesammeltes Regenwasser zu entnehmen. Während der Führung gelangt man auch in die **Waffenkammer**. Neuerdings lässt sich auf dem Weg dorthin ein Blick in die Apsis der alten **Martinskapelle** werfen. Sie ist älter als die Burg, wurde aber um 1140 (!) mit reichem Freskenschmuck ausgestattet und als Burgkapelle verwendet. In der Folge fiel sie einem Festungsbau zum Opfer und war völlig vermauert. Erst kürzlich konnten manche Teile des sensationellen Fundes freigelegt werden. Die Aussicht vom Südflügel der Burg in den ebenfalls ummauerten und enormen Garten beendet die Führung. Bei Konzerten oder Lesungen kann auch der prunkvolle **Hochzeitssaal** besichtigt werden. Er wird von einem Wappenfries angeheirateter Familien und großflächigen Veduten, u. a. auf die Wolkensteiner Schlösser **Trostburg** ▣ und Rodenegg, geschmückt.

Der Iwein-Zyklus

Höhepunkt der Burgbesichtigung ist zweifellos der unscheinbare Raum im Südwesteck der Burg, der den **Iwein-Zyklus** enthält. Der Raum liegt in einem kleinen, schon bald nach 1136 errichteten Turm. Er war mit einem offenen Kamin ausgestattet, der wohl jenem geglichen haben mag, der sich bis heute im Wohnturm der **Burg Taufers** erhalten hat. In späterer Zeit wurde im Raum ein Stichkappengewölbe eingebaut, dabei dürfte auch die Kaminhaube entfernt worden sein. Diese baulichen Eingriffe zerstörten Teile der wohl bereits übertünchten Malereien. Trotzdem dürfte der Raum um 1700 – vielleicht wegen seiner durchschimmernden Bemalung – als Zweitkapelle genutzt worden sein. 1972 entschloss man sich, die Malereien freizulegen. Was zutage kam, war atemberaubend: Nicht bloß die ausgezeichnete Qualität und der gute Erhaltungszustand verblüfften, sondern auch die frühe Entstehungszeit der Malereien, die zudem ein ritterliches und damit ein nicht-religiöses Bildprogramm enthielten! Die Malereien sind etwa 180 Jahre älter als jene von **Runkelstein** und halten einen literarischen Stoff fest, den der mittelalterliche Dichter Hartmann von Aue erst wenige Jahre zuvor für den deutschen Sprachraum zugänglich gemacht hatte. Ein beheizter Raum mit einer derartigen Ausstattung ist ein Fund von größter kulturgeschichtlicher Bedeutung.

DER IWEIN-STOFF

In zwölf Bildern wird die Geschichte des Ritters Iwein erzählt: Iwein verabschiedet sich vom Burgherrn im Wald und gelangt zu einem Waldmann, der sich mit wilden Tieren umgibt. Von ihm zu einem Zauberbrunnen geführt, vollzieht Iwein einen Wetterzauber. Es erscheint der Landherr und Ritter Aschelon, der Iwein zum Zweikampf herausfordert, dabei aber unterliegt und stirbt. Laudina, nun zur Witwe geworden, trauert um Aschelon. Luneta, die Kammerfrau der Laudina, kannte Iwein vom Hof König Artus' her und bringt ihm einen Zauberring. Dieser macht ihn unsichtbar. Iwein verliebt sich in Königin Laudina, während er von ihren Dienern als Mörder ihres Mannes gesucht wird. Iwein zeigt sich Laudina und gesteht seine Liebe. Luneta tritt als Fürsprecherin auf. Iwein heiratet Laudina. Damit enden die Malerei und auch der erste Teil der Romanvorlage.

DER „LAUTERFRESSER" UND DIE PFLICHTEN EINES RICHTERS VON RODENEGG

Das Gericht Rodenegg wurde ab etwa 1300 in den zentraleren Ort Mühlbach, und zwar in den späteren Ansitz Kandlburg verlegt, sodass ein Richter oder Pfleger von Rodenegg dort Recht sprach, auf der Burg aber die Burghut, das ist die Aufsicht über die Burg, ausübte. Dennoch wird vor einem winzigen Raum im Burghof von Rodenegg die Lauterfresser-Sage erzählt: Ihr zufolge sei Matthias Perger, genannt der **Lauterfresser**, im Oktober 1645 der Hexerei und Zauberei angeklagt worden und in dieser kleinen Zelle eingesperrt gewesen. Der spektakuläre Hexereiprozess endete mit einer Verurteilung. Perger wurde auf dem Scheiterhaufen verbrannt.

1698 werden die Pflichten eines Richters und Pflegers von Rodenegg festgehalten: Er hatte Gott und „Justitia", die Göttin der Gerechtigkeit, ständig vor Augen zu haben, sich tadellos vor Arm und Reich, Freund und Feind zu verhalten, das Übel zu bestrafen, Unschuld, Witwen und Waisen zu schätzen und die Untertanen zur Andacht gegen Gott anzuhalten. Fluchen, Unzucht und Völlerei sowie andere schwere Sünden sollte er hart bestrafen, um den Zorn Gottes nicht auf Herrschaft und Untertanen zu lenken. Natürlich musste er den Grafen als Gerichtsherrn anerkennen, seine Befehle fleißig befolgen und vierteljährlich Bericht geben. Er sollte den gewöhnlichen Lohn und von den Geldstrafen den fünften Teil erhalten. Er musste im Schloss wohnen und in Mühlbach bzw. im Schloss handeln, also Recht sprechen, und bekam dafür von der Herrschaft ein Pferd gestellt. Er hatte die Einnahmen der Herrschaft zu überwachen, über Pförtner und „Guardi-Knecht" die Aufsicht zu halten, bei Holzschlägen für das Schloss die Entscheidung des Grafen einzuholen, die Ausgaben für die Fronarbeiter zu verrechnen und die beiden Kapellen mit Kerzen und Wein zu versehen.

Fassadenbeobachtung

Wer die weiß gekalkten Wände der Burg näher betrachtet, erkennt, dass sich darunter Spuren einer Wanddekoration befinden. Es sind aufgemalte Quader oder, genauer gesagt, aufgemalte Mörtelfugen, sodass die Wand eine Struktur erhält, als bestünde sie aus gemauerten Quadersteinen. Diese Art der Gestaltung von Burgaußenmauern wird vor allem ab der Gotik sehr beliebt, da die Mauern in der Regel nicht steinsichtig belassen, sondern verputzt wurden. Solche vorgetäuschten Mörtelfugen können oft recht bunt ausfallen. Insbesondere die strukturbetonenden Gebäudekanten werden gerne hervorgehoben oder sogar künstlerisch ausgestaltet.

AUF DIE RODENECKER ALM

Ein morgendlicher Besuch von Rodenegg lässt sich noch mit einer Wanderung über die Rodenecker Alm mit ihren zahlreichen Almwirtschaften verbinden. Vom Parkplatz Zumis (10 km Anfahrt ab Rodeneck, der Beschilderung „Rodenecker Alm" folgen) erreicht man auf Weg Nr. 4 in einer Dreiviertelstunde den Berggasthof Ronerhütte (Tel. 0472 546016, www.ronerhuette.it), in einer weiteren Dreiviertelstunde (Weg Nr. 68B) die Rastnerhütte (Tel. 0472 546422, www.rastnerhuette.com), kurz danach die Starkenfeldhütte (Tel. 0472 671565, www.starkenfeld.com) mit Schaukäserei.

→ *Gehzeit für die gesamte Runde: 3¼ h, 11,5 km, 210 Hm; bis Rastnerhütte: ca. 2¾ h, 10 km, 185 Hm*

INFOS IN KÜRZE

Burg Rodenegg, Vill 1, Rodeneck, Tel. 328 1651332, 0472 454056

Geöffnet Anf. Mai – Mitte Okt.: So.–Fr. 11.30 und 14.30 Uhr, Mitte Juli – Ende Aug. auch 15.30 Uhr; Besichtigung nur im Rahmen von Führungen

Erwachsene: 5 €, Gruppen: 4 €, Jugendliche: 3 €, Kinder: 2 €

Burg Rodenegg ist vom Rodenecker Ortszentrum bequem über einen leicht abschüssigen Schotterweg in etwa 5 Min. zu erreichen.

Bus 412 fährt von Mühlbach (Bahn- und Busanschluss von Brixen bzw. Bruneck) nach Rodeneck, Haltestelle „Vill, Feuerwehr"; 10 Min. zur Burg.

Parkplatz am Ende der Stichstraße vor der Kirche

In Schloss Rodenegg gibt es keine Einkehrmöglichkeit.
Gasthof zum Löwen, am Parkplatz gelegen, wo der Schlossweg beginnt, Vill 2, Rodeneck, Tel. 0472 454243, www.hotel-loewen.it

EXKURS

Herrschaft – Verwaltung, Recht und Sicherheit

Das hochmittelalterliche Feudalsystem regelt die soziale, wirtschaftliche und politische Ordnung und Verwaltung durch gestufte Abhängigkeits- und Treuebeziehungen.
Der Herrscher (König) bietet Schutz und überlässt dem Adel (Herzögen, Grafen, Edelfreien) – in seltenen Fällen auch anderen Rechtsträgern – die Nutzung und Verwaltung seiner Gebiete als Lehen (*feudum*). Der Lehensempfänger wird dadurch zum Vasall und verpflichtet sich zum ritterlichen Kriegsdienst und zur Treue. Der Kriegsdienst bestand ursprünglich aus einer handfesten militärischen Leistung, wurde aber bald schon als allgemeiner Steuerbeitrag zur Bezahlung von Kriegsknechten verstanden.

Schutzbedürfnis

Da die eigene Familie mit allen auf den Lehensgütern lebenden Personen und Dienstleuten des Schutzes bedurfte, benötigten die Vasallen einen wehrhaften Sitz – ein „vestes" Haus oder eine Burg – mit einem entsprechenden Sonderfriedensbezirk (Haus- oder Burgfrieden). Die Lehensträger, die Schutz und Sicherheit bieten und Kriegsdienst leisten sollten, mussten einerseits aufgrund ihres Allodialbesitzes (Eigenbesitz) wehrfähig, andererseits zur Erfüllung ihrer Verwaltungsaufgaben mit gewissen Rechten ausgestattet sein: Das waren in der Regel die Gerichtsbarkeit, die Schirmherrschaft über Kirchen sowie Maut-, Zoll-, Markt-, Jagd- oder Fischereirechte. Das Lehen eines Vasallen beinhaltete damit politische, militärische, administrative und richterliche Befugnisse, aus denen über sogenannte „Afterlehen" erneut eine untergeordnete Herrschaftsstruktur entstehen konnte.

EXKURS

Adel

Da der adelige Vasall im 11. Jh. Erbansprüche auf das ihm zur Verwaltung überlassene Gut erhob, befürchtete der Herrscher eine Entfremdung seines Obereigentums und mithin einen Machtverlust. Deshalb verlieh er die Verwaltung der Grafschaften geistlichen Oberhirten, da diese keine legitimen leiblichen Erben hatten. Der Adel versuchte daraufhin, die politische Vormachtstellung der Bischöfe zurückzudrängen, indem er in den Dienst der Bischöfe trat: einerseits, um als hinzugezogene Vögte (*advocati*) im Namen des Bischofs die Blutgerichtsbarkeit auszuüben, andererseits, um den Bischöfen als wehrfähiger Stand zur Seite zu stehen. Als Geistliche hätten die Bischöfe den von ihnen verlangten militärischen Schutz nicht leisten können.

Ritterliche Ministerialen

Je nach Bedeutung des Vasallen hatte dieser das Recht, ebenfalls Lehen zu vergeben. So gelangten Güter und Rechte an deren Untervasallen – unter ihnen auch unfreie Dienstmannen (Ministerialen), die über das hohe Ansehen des Rittertums schon bald einen eigenen, adelsähnlichen Stand bildeten. Gelang es diesen, sich am kostspieligen Burgenbau der Bischöfe und des alten Adels zu beteiligen, war dies Ausdrucksmittel ihres sozialen Aufstiegs. Allerdings schaffte das nur etwa jede achte Ministerialenfamilie, sodass die meisten Rittergeschlechter in Dorftürmen oder auf teilweise befestigten Höfen hausten.

Die meist auf Kreuzzügen erworbene Ritterwürde mancher Ministerialen und deren Lehensfähigkeit führten schließlich zu einer entscheidenden Annäherung zwischen altem Geburtsadel und neuem Schwertadel. Der gemeinsame Waffendienst vereinte diese im Rittertum. Dem rohen Kampfgeist und der Abenteuerlust sollte aber bereits im 12. Jh. die Idee eines christlichen Rittertums vorangestellt werden. Durch das Einbinden der vier Tugenden „Gerechtigkeit, Weisheit, Tapferkeit und Maßhalten“ wurde eine „Ethik für die Welt“ angestrebt. Tatsächlich prägen Kampf, höfische Kultur und ethische Wertvorstellungen das Rittertum, das ein kulturelles Leben mit eigenen Sitten und Anschauungen entwickelt. Sie finden in der Minnedichtung und im Turnierspiel ihren charakteristischen Ausdruck.

24 Thurn

St. Martin in Thurn

Die Burg Thurn (Ciastel de Tor) liegt am Kreuzungspunkt der Verkehrswege von Bruneck nach Stern bzw. weiter nach Venedig und von Klausen über das Würzjoch ins Gadertal. Die westliche Talseite des Gadertals gehörte zum Einflussbereich des Brixner Bischofs, während die östliche Talseite mit Enneberg zum Kloster Sonnenburg bei St. Lorenzen gehörte.

Wie der Name der Anlage verrät, handelte es sich ursprünglich um einen dreigeschoßigen **Wohnturm**, also um den klassischen Sitz eines Ministerialen. Dieser übte in Vertretung der Herren von Schöneck, die Vasallen des Bischofs waren, die Gerichtsverwaltung aus. Der Turm wurde im 14. Jh. aufgestockt und erhielt eine bezinnte Ringmauer sowie ein beigestelltes Wohngebäude. Erst um 1500 kamen die für Thurn charakteristischen zwei Rundtürme hinzu. Solche Türme finden sich häufig an Burgen, die zur Zeit Kaiser Maximilians I. gegen die verbesserten Feuerwaffen befestigt werden mussten.

Im Erdgeschoß haben sich sehr urtümliche Räumlichkeiten erhalten. Besonders anrührend ist dabei die alte **Küche**, die als solche auch im Museumsparcours Berücksichtigung findet. Auffällig sind ebenso die schönen steinsichtigen Mauern des Bergfrieds, in dessen drittem

Obergeschoß sich ein Kornspeicher und eine mittelalterliche **Blocktreppe** aus der Zeit um 1335 erhalten haben. Bei Letzterer bestehen die Trittflächen aus der Länge nach schräg halbierten Holzblöcken. In dieser kleinen Burganlage sind ferner im Rahmen des Museums noch einzelne Bauernstuben der ehemaligen Burgverwalter zu sehen.

BESICHTIGUNG

Der Rundgang beginnt im Innenhof und führt in die Kellerräume des Wohnhauses, die für die neue Museumsnutzung archäologisch aufgearbeitet und entsprechend gestaltet wurden. Über den Hofbereich kommt man in den nordseitigen Anbau mit der Küche. Im ersten Stockwerk behandelt das Museum herrschaftsgeschichtliche Fragen. Ein Zimmer thematisiert mit „sprechenden Porträts" die **unterschiedliche Rechtsauffassung** in einem Abgabenstreit zwischen Kardinal Cusanus und der Äbtissin Verena von Sonnenburg. In einem „Scherenschnitttheater" wird die Geschichte des „Gran Bracun" aufgeführt. Im zweiten Geschoß führt eine Tür auf den kurzen **Wehrgang**. Über den Bergfried kommt man erneut in das Wohngebäude mit seinen Stuben, die heute aufgrund der derzeitigen Nutzung als Museum in die Vermittlung der ladinischen Sprache und Volkskultur eingebunden sind.

Bergfried

Über das Dachgeschoß des Wohngebäudes führt eine Öffnung in den Bergfried. Der Einbau einer modernen Stahltreppe erlaubt den Zugang in das oberste Geschoß, von dem man eine wunderbare Aussicht über das ganze Tal genießen kann. Dabei überblickt man auch die älteren zur Burg gehörenden Stadel und Stallungen.

MUSEUM LADIN

Burg Thurn beherbergt heute das Museum Ladin zur Geschichte und Gegenwart der Dolomitenladiner, einer sprachlichen Minderheit, die sich in Südtirol auf Gröden und das Gadertal, im Trentino auf das Fassatal, in Belluno um Cortina d'Ampezzo und Buchenstein (Pieve di Livinallongo) gruppiert – übrigens ist es die älteste Sprache der Region, verwandt unter anderem mit dem in Graubünden gesprochenen Bündnerromanischen.

KURZWANDERUNG INS MÜHLENTAL

Bei St. Martin zweigt das Campiller Tal ab. Am Seresbach zwischen den Weilern Miscì und Seres wurden acht historische Mühlen samt Wasserrinnen und Schleusen restauriert und ein sogenannter Mühlenweg eingerichtet. Die erste Mühle kann besichtigt werden. Anfahrt über Campill bis zum Parkplatz 400 m vor der Speckstube Tlisöra (Tel. 0474 590145, www.tlisora.it), gleich hinter der Speckstube führt am Seresbach der beschilderte Mühlenweg taleinwärts, dann rechts erhöht wieder talauswärts zum Weiler Seres (Einkehrmöglichkeit: Lüch de Vanć) und zurück zum Parkplatz.
→ *Gehzeit: ca. 1 h, 2,9 km, 130 Hm*

DER GRAN BRACUN

Thurn an der Gader war Sitz zahlreicher Pfleger und Richter, die im Auftrag des Bischofs den Gerichtsbezirk verwalteten. Diese Ämter wurden mit Vertretern des lokalen Adels besetzt, unter denen die Familien Colz, Rubatsch, Prackh von Asch und Rumel von Lichtenau in Erscheinung treten. 1572 wurde Johann Baptista von Colz als Pfleger von Thurn eingesetzt, bald aber von Franz Wilhelm Prackh abgelöst, dessen Brüder das Amt noch bis zum Jahre 1604 ausübten.
Franz Wilhelm Prackh von Asch wurde von oben genannten Johann Baptista und dessen Sohn Caspar Martin von Colz am Freitag, den 7. Dezember 1582, auf offenem Feld in der Nähe von Kurfar/Corvara überfallen und grausam ermordet. Die Colzen versicherten zwar, dass ihnen *„dise laidige nothalber beganngne Notwöhrthat nit lieb"* gewesen sei und *„inn Herzen lait ist"*, dennoch erkannte das Gericht darin eine vorsätzliche Tat. Der ermordete Franz Wilhelm von Prackh ging als „Gran Bracun" in die Sagenwelt der Ladiner ein. Man erzählte sich die Geschichte, dass in einer Höhle zu Füßen des Kreuzkofels zu jener Zeit ein böser Drache hauste, vor dem weder Mensch noch Tier sicher waren. Prackh, der eben erst aus dem Vorderen Orient heimgekehrt war, habe dem Schrecken ein Ende bereitet, indem er aus dem Sattel heraus auf den feuerspeienden Drachen einen tödlichen Pfeil mitten ins Herz abgeschossen hätte.

INFOS IN KÜRZE

Burg Thurn (Ciastel de Tor), Torstraße 65, St. Martin in Thurn, Tel. 0474 524020, www.museumladin.it

Geöffnet Anf. Mai – Ende Okt.: Di.–Sa. 10–17 Uhr (Juli–Aug. bis 18 Uhr und auch montags), So. 14–18 Uhr, 26. Dez. – 6. Jan.: Mo.–So. 15–19 Uhr, 7. Jan. – Ende März: Do.–Sa. 15–19 Uhr

Erwachsene: 8 €, Familien: 16 €, Kinder (bis 6 Jahre) frei, Studenten, Senioren, Gruppen: 6,50 €, Schulklassen: 2 € + 1 € für jede didaktische Tätigkeit

Von der Abzweigung der Pustertaler Straße ins Gadertal sind es rund 16 km bis zur Burg.

Parkgarage und Parkplatz (beide gebührenfrei) in unmittelbarer Nähe der Burg

Bus 460 Bruneck–St. Lorenzen–Gadertal. Von der Haltestelle „Abzweigung St. Martin“ sind es rund 15 Min. (1 km) zum Schloss.

In der Burg Brötchen und Getränke aus dem Automaten, Sitzmöglichkeiten innen und auf der Terrasse

Gasthof Dasser, historisches Dorfgasthaus, Torstraße 20, St. Martin in Thurn, Tel. 0474 523120, www.dasser.it
Osti Nicl, Restaurant und Pizzeria, Stuflesstraße 21, Sankt Martin in Thurn, Tel. 320 5355287, www.ostinicl.it
Hofschank Lüch de Vanč, Seres, Misci 22, Campill, Sankt Martin in Thurn, Tel. 0474 590108, www.vanc.it

25 Bruneck

Bruneck

Die Burg von Bruneck liegt auf einer kleinen Anhöhe inmitten der Stadt. Dies hat seinen Grund: Sowohl der Markt als auch die Burg wurden, wie ihr Name verrät, von Bischof Bruno von Brixen wohl um 1256 gegründet, um mit einer befestigten Anlage im Pustertal präsent zu sein. Dies lag auch im Interesse seines Vogtes, des Grafen von Tirol, da einige bischöfliche Dienstmannen in dieser Gegend allzu große Macht an sich gerissen hatten.

Die weitere Geschichte der Burg ist eng mit den Bischöfen von Brixen verbunden. 2005 gelangte sie an eine Stiftung, die sie nach einer Restaurierung der Öffentlichkeit zugänglich machte, so beherbergt sie derzeit das Messner Mountain Museum Ripa, das sich mit Bergvölkern beschäftigt.

BESICHTIGUNG

Der Zugang zur Burg ist besonders eindrucksvoll, denn man erkennt Wehrmauern mit Türmchen, ehe man die Anlage über eine beinahe noch intakt scheinende **Zugbrücke** betritt. Durch einen umlaufenden Zwinger, der noch den Wehranlagen des 14. Jh. angehört, und ein weiteres Tor gelangt man in den langgezogenen Innenhof der mittelalterlichen Burg. Dieser wird von einem runden Treppenturm beherrscht. Es ergeben sich malerische Blicke auf einzelne Architekturdetails wie einen **verspielten Treppenaufgang**, und verschiedene Wappenmalereien an den Fassaden. Im Inneren ist vor allem der **Fürstensaal** hervorzuheben, der durch seine weiße Kassettendecke mit geschnitzten vergoldeten Blütenknospen eine bescheidene und schlichte Eleganz ausstrahlt.

Burgkapelle

Die Burg Bruneck ist von zahlreichen Umbauarbeiten geprägt. Dies gilt auch für eine weitere Sehenswürdigkeit der Anlage, die man über den Treppenturm und durch das oberste Geschoß des Palas erreicht: die Burgkapelle. Sie verbindet den nordseitigen Palas über einen mächtigen Rundbogen mit dem südseitigen Burgflügel. Die fürstbischöfliche Privatkapelle wird erstmals 1604 erwähnt und dürfte unter Bischof Wilhelm von Welsperg neu ausgemalt worden sein. Eine spätere Renovierung um 1900 unter Bischof Simon Aichner gab dem Raum ein völlig neues Gesamtbild. Dabei dürfen die bunten Glasfenster und ein neugotischer Flügelaltar nicht außer Acht gelassen werden.

Fürstensaal

Museumsrundgang

Das MMM Ripa thematisiert anhand von exemplarischen Objekten – Ritualgegenständen, Arbeitsgeräten, einer nachempfundenen georgischen Stallküche, Buddhastatuen – 20 Bergkulturen aller fünf Kontinente. Der Bogen spannt sich dabei von Nomadenkulturen in Zentralasien und des Vorderen Orients über Zeugnisse der Inkakultur in 7000 Metern Höhe bis zum alpinen Lebensraum. Lohnend ist der Aufstieg auf die Dachplattform des Bergfrieds, die einen beeindruckenden Rundblick eröffnet, eindrucksvoll die Fahrt mit dem gläsernen Aufzug vorbei an Ausstellungsstücken.

Namen

Die Namen der Höhenburgen verdeutlichen bereits eine Wechselbeziehung zwischen Burg und Herrschaft (Bistum, Grafschaft, Territorium) bzw. Ort und Familie. Dies gilt vor allem für die Dynastenburgen der Grafen von Tirol (1077/1138), von Eppan (1116) und von Morit (vor 1120) sowie der edelfreien Herren von Matsch (1131), von Taufers (1136/73), von Enn und von Burgeis-Wangen (1160). Ausnahmen bilden die Burgnamen Reifenstein bei Sterzing (1100) und Kehlburg bei Bruneck (1147/55), deren zugrunde liegende Flurnamen auf Neugründungen durch den Brixner Bischof verweisen.
Dem Beispiel folgten im 12./13. Jh. auch die Ministerialen (siehe S. 123), die von den dörflichen Siedlungsverbänden in die Höhenlagen strebten, nachdem sie sich dort eine kleine Grundherrschaft aufbauen konnten. Auch ihre Namen verweisen vorzugsweise auf den Herkunftsort, den sie mit dem Suffix -berg, -stein, -fels oder -eck bereicherten. So nannten sich beispielsweise die von Garn bei Klausen nach Garnstein (1215), die von Lana nach Lanaberg (1217) oder die von Haslach nach Haselberg (1237). Der Name Bruneck nimmt auf den Burggründer Bischof Bruno Bezug.

DIE BURGWACHE

1525 kam es in Tirol, insbesondere aber im Fürstentum Brixen, unter der Führung von Michael Gaismair, der eine Bauernrepublik vor Augen hatte, zu einem Aufstand. Der bereits schwerkranke Bischof Sebastian Sprenz war nach Veldes/Bled in Krain geflohen und hatte die Verwaltung des Fürstentums Erzherzog Ferdinand von Österreich übertragen. Aus seiner Zeit stammen auch die mit einem Andreaskreuz geschmückten Türen. Der Erzherzog ließ sofort die Burgmannschaft vergrößern: Es wurden nun sechs weitere Knechte herangezogen, die mit den gewöhnlichen zwei Wächtern die Burg „vor und nach Mitternacht" sichern sollten. Die Nachricht ist deshalb interessant, da sie zeigt, dass die Wachmannschaft einer Burg selbst in ernsthaften Krisenzeiten unerwartet klein blieb. Dies bestätigen im Übrigen auch hochmittelalterliche Quellen. 1529 fiel Brixen wieder an die Fürstbischöfe zurück.

verspielter Treppenaufgang

INFOS IN KÜRZE

Burg Bruneck, MMM Ripa, Schlossweg 2, Bruneck, Tel. 0474 410220, www.messner-mountain-museum.it

Geöffnet zweiter So. im Mai – 1. Nov.: 10–18 Uhr, Anf. Dez. – Ende Apr.: 12–18 Uhr, Di. Ruhetag, Museums-App zum Download

Erwachsene: 9 €, Studenten, Senioren: 7,50 €, Kinder (6–14 Jahre): 4 €, Familien: 20 €, Gruppen: 7,50 €, Schulklassen: 4 €, Personen mit Behinderung: 7,50 €. Außerdem gibt es Sammeltickets für alle MMM

Burg Bruneck ist mit Auto oder zu Fuß (ca. 15 Min.) ab dem Stadtzentrum Bruneck erreichbar (beides gut beschildert).

Parkplatz am Schlosshügel

Bistro und Café für Museumsbesucher: Snacks, Kuchen und warme Mittagsgerichte
Gasthof Weißes Lamm, Traditionsgasthof, Stuckstraße 5, Bruneck, Tel. 0474 411350, www.weisseslamm.it
Enotheque Bernardi, wechselnde Tagesgerichte, So. Ruhetag, Stuckstraße 6, Bruneck, Tel. 0474 370180, www.bernardi-karl.it

Apsis der
Burgkapelle
Geisterzimmer

26 Taufers

Sand in Taufers

Burg Taufers thront eindrucksvoll auf einem Felsen am Eingang des Ahrntals. Burgtore und Zugbrücken schützen die gewaltige Festung. 84 unterschiedliche Schusslöcher lugen aus ihren Mauern.

Mit dem ehemaligen Palas („Kasten"), dem breiten Wohnturm und dem mächtigen, hoch aufragenden Bergfried vermittelt die Burg auch nach 800 Jahren ihre einstige Bedeutung – und die Macht ihrer mittelalterlichen Dynasten. Die Tauferer standen im 12. bis 14. Jh. auf einer Stufe mit den Grafen von Tirol, von Görz oder mit jenen von Eppan.

BESICHTIGUNG

Die Fresken der **Kapelle**, die Getäfel der Stuben und die Einrichtung der letzten Besitzer sind noch erhalten. **Bibliothek** und **Gerichtssaal**, Waffenkammer und **Rittersaal** können besichtigt werden. Es locken das **„Geisterzimmer"** mit barockem Getäfel und ein „Verlies" mit einem unebenen Naturfelsboden. In der sogenannten Folterkammer ist noch ein **„Stock"**, eine hölzerne Fessel (Fußblock), zu sehen. Burg Taufers wird seit 1977 vom Südtiroler Burgeninstitut mustergültig erhalten. Der Außenbereich und bestimmte Räume (Videoraum, Eiskeller, Bergfried) können auf eigene Faust erkundet werden, die sehenswerten Innenräume nur mit Führung.

Bibliothek

Eine reiche Büchersammlung aus dem 17. bis 20. Jh., darunter bedeutende Militaria und Modezeitschriften, verdankt die Burg Franz Lobmeyer, dem „Burgvater zu Beginn des 20. Jh.". Der Benediktiner Hieronymus Gassner erweiterte den Bestand auf etwa 5000 Werke. Das Südtiroler Burgeninstitut erfasste die Bücher und kümmert sich um deren Erhalt.

EINE FRÜHNEUZEITLICHE ADELSSCHULE

Junge Adelige sollten in höfischen Sitten, Religion, Arithmetik, Sprachen, Musik und Geschicklichkeit vorbereitet werden. In einigen Burgen gibt es dazu im 16. Jh. Erziehungsinstitute. In Taufers führte die 64-jährige Beatrix von Fieger für ihre Enkel 1558–1567 eine Adelsschule. Ein 22-jähriger Lehrer und ein weiterer Gehilfe unterstützen sie im Unterricht der Heranwachsenden zu „heiterer Gelassenheit,

Mäßigkeit und Kunstsinn". Porträts der Lehrer sowie von sechs Schülerinnen im Alter von fünf bis 17 Jahren und von 17 Burschen im Alter von sieben bis 15 Jahren sind noch heute auf der Burg Taufers zu sehen.

Burgkapelle – Umkehr und Buße

Das Kapellenfresko der Burg Taufers aus dem 15. Jh. zeigt Christus als Weltenrichter. Das Richtschwert hat eine scharfe Klinge als Zeichen der Gerechtigkeit, einen Palmenzweig als Zeichen der Barmherzigkeit. In den von Mantegna beeinflussten Fresken ist Christus dem menschlichen Gericht ausgesetzt und betet am Ölberg, dass ihm dieser Opferkelch erspart bleibe. Die übrigen Fresken zeigen den hl. Apostel Andreas als erstberufenen Jünger, die Leidensgeschichten der hll. Apostel Petrus und Paulus, das Martyrium des hl. Erasmus und den hl. König Sigismund.

Gerichtssaal und Amtsstube

Der erwähnte auf Burg Taufers erhaltene „Stock" befand sich wohl im „stockfinsteren" Kerker. Er sollte Gefangene an ihrer Flucht hindern. Ob er bei Folterungen zum Einsatz kam, ist unbekannt. Er konnte aber vor der Öffentlichkeit die Funktion eines Prangers übernehmen. Der Gerichtsherr von Taufers stellte Richter und Pfleger ein, die auf verschiedene Vorgänge in der Burg und in ihrem Herrschaftsbereich zu achten hatten. Sie urteilten über leichtere Vergehen und entschieden bei Erb- und Grenzstreitigkeiten. Dabei verhängten sie Bußgelder oder kurze Gefängnisstrafen. Da Taufers auch die Blutgerichtsbarkeit innehatte, musste der Richter bei Kapitalverbrechen auch über Leben und Tod richten.

RECHTSPRECHUNG UND FOLTER

Seit dem 15. Jh. wurden Gelehrte des römischen Rechts als Richter eingesetzt. Sie entschieden bei Mord und Totschlag, Raub und Diebstahl, Unzucht und anderen schweren Delikten über Schuld und Unschuld, sofern es einen Kläger und einen begründeten Verdacht gab und keine außergerichtliche Einigung vorlag. Dabei drängten sie auf ein Geständnis oder versuchten, ein solches nach einer Befragung in der Güte und bei Vorlage neuer Beweise durch ein „maßvolles" Anwenden der Folter zu erhalten. Für schwere Delikte waren die Todesstrafe durch das Rad, das Hängen am Galgen oder die Verbrennung vorgesehen. Begnadigungen durch Umwandlung der angedrohten Strafe in eine „ehrenhafte" (beispielsweise Enthauptung durch das Schwert) oder „abgemilderte" Strafe sollten den Ruf der Angehörigen schützen.
Hinrichtungsarten, die durch Heiligenlegenden überliefert sind, wie das **Entdarmen des hl. Erasmus** auf dem Wandgemälde der Burgkapelle von Taufers, finden für das Mittelalter meist keinen historischen Beleg.
Dennoch war die Gewaltbereitschaft der mittelalterlichen Bevölkerung sehr hoch. Die Mordrate erreichte mehr als den zehnfachen Wert von heute. Dies konnte mancherorts, insbesondere bei den neuzeitlichen Ketzerei- und Hexereiprozessen, zur grausamen Anwendung der Folter führen. Auch eine allzu wörtliche Auslegung des germanischen Rechts, das auf Abschreckung abzielte, konnte grausam inszenierte Tötungen zur Folge haben, die Menschenmassen anzogen. Zu Beginn des 16. Jh. wurden Hinrichtungen nicht mehr öffentlich verkündet, weitere Reformen bis hin zur Abschaffung der Folter (in Tirol im 18. Jh.) waren große Schritte hin zur Menschenrechtserklärung von 1950.

Burg Taufers als Filmkulisse

Burg Taufers inspirierte den Regisseur Roman Polanski für den Film „Tanz der Vampire“ (1967), war Hauptdrehort von „La più bella serata della mia vita“ mit Alberto Sordi (1972) und von „Burg Schreckenstein“ mit Harald Schmidt und Uwe Ochsenknecht, verfilmt nach den Jugendbüchern von Oliver Hassencamp (2015 f.). Zahlreiche weitere Filmepisoden wurden auf Burg Taufers gedreht, unter anderem „Die rote Violine“ (1998, Oscar für beste Filmmusik 2000), „Voll verheiratet“ (mit Ashton Kutcher und Brittany Murphy, 2003), „Un passo dal cielo“ (mit Terence Hill, 2011), „König Laurin“ (2015) u. a. m.

Motorradfahrt durch Taufers mit Alberto Sordi

WANDERUNG ZU DEN REINBACHFÄLLEN

Wer Lust auf eine erlebnisreiche Wanderung zu einer Burgruine hat: Ab dem Sand in Tauferer Ortsteil Winkel führt der Wasserfallweg an den Reinbachwasserfällen vorbei zur Burg Tobel aus dem frühen 12. Jh., heute Ruine bzw. Besinnungskapelle des Franziskusweges. Rückkehr über den Franziskusweg.

→ *Gehzeit: ca. 2 h, 4,6 km, 305 Hm*

INFOS IN KÜRZE

Burg Taufers, Castellan Dr. Alexander Maier, Sand in Taufers, Tel. 0474 678053, www.burgeninstitut.com Mai–Nov. gibt es in der Regel eine zusätzliche Sonderausstellung. Während der Führungen können Besucher ihre Hunde in eigens eingerichteten Hundeboxen unterbringen.

Ganzjährig geöffnet, Anmeldungen von Gruppen erwünscht. Die nachfolgend angegebenen Führungszeiten können variieren (siehe Website): Jan.–Mai und Allerheiligen–Dez.: 10, 15 Uhr (dt.), 11, 16 Uhr (ital.); Juni–Anf./Mitte Juli und Sept.–Allerheiligen: 10, 11, 14, 15.15, 16.30 Uhr (dt./ital.); Anf./Mitte Juli–Aug.: 10, 11.10, 12.15, 13.15, 14, 15.15, 16.30 Uhr (dt.), 10, 10.30, 11.10, 11.45, 12.15, 13.15, 14, 14.35, 15.15, 15.50, 16.30, 17 Uhr (ital.), Di., Do. auch 21 Uhr (dt./ital.); Mo., Mi. Kinderprogramm, Anmeldung im Tourismusbüro Sand in Taufers, Tel. 0474 678076

Erwachsene: 3–10 € (mit oder ohne Führung/ Sonderausstellung), Kinder: 2,50–5 €, Gruppen: 4–6 €, Studenten, Senioren: 5–7 €, Schulklassen: 2,50–3,50 €

Burg Taufers liegt nördlich von Sand in Taufers und ist vom Dorfzentrum in rund 20 Min. zu Fuß erreichbar (Markierung Nr. 33, knapp 1 km); mit dem Auto kurz nach Kilometer 15 der Ahrntaler Straße rechts abbiegen und auf einem Waldweg bis zur Burg

Bus 450 verbindet Bruneck mit Sand in Taufers und fährt weiter ins Ahrntal.

Beschränkte Parkmöglichkeiten direkt bei der Burg

Burgschenke im Innenhof, Südtiroler Spezialitäten in einem besonderen Ambiente, Tel. 342 51 31 540, www.ritterschaenke.com
Burgcafé mit Aussichtsterrasse und Übernachtungsmöglichkeit, 500 m von Burg Taufers entfernt, Schlossstraße 111, Sand in Taufers, Tel. 0474 678170, www.burgcafe.it
Spanglwirt, Traditionsgasthof, Ahrntaler Straße 23, Sand in Taufers, Tel. 0474 678144, www.spanglwirt.com

27 Welsperg

Welsberg

Die Burg Welsperg ist von Taisten aus, also von der ihr gegenüberliegenden Seite des Gsieser Tales, gut einsehbar. Sie präsentiert sich als stattliches Wohnhaus mit zwei Erkern und großen Fenstern. Ihren „Burgcharakter" hat sie von dort gesehen und mit Ausnahme des Bergfrieds weitgehend eingebüßt, nachdem der romanische Palas im 18. Jh. abbrannte.

Von der Ortschaft Welsberg kommend, liegt die Burg hinter einem kleinen Hügel, etwas verborgen in einer Talsenke auf einem Felssporn. Dieser ist einerseits durch den Gsieser Bach natürlich gesichert, andererseits von einem teilweise künstlich geschaffenen **Halsgraben.** Ein solcher umschließt eine Burg an den leichter zugänglichen Seiten, sodass er sie vom umgebenden Gelände trennt. Eine lange **Holzbrücke** über den Graben bietet den einzigen Zugang. Am Burgtor sind noch ehemalige Öffnungen für **Schwungruten** – bewegliche Balken zum Aufziehen der Brücke – erkennbar. Sie verweisen auf die

einstige Zugbrücke. Die für Südtiroler Burgen befremdlich versteckte Lage erklärt sich aus dem Schutzbedürfnis ihrer wohl aus Bayern stammenden Erbauer. Wo keine Berge Schutz boten, versuchte man sich in Talsenken zu verbergen. Zur Kontrolle des Umlandes ragt hier ein schlanker, ungewöhnlich hoher **Bergfried** teleskopartig aus der Burg empor. Er ermöglichte den Bewohnern von der Wehrplatte des Turmes aus einen großartigen Ausblick über das Pustertal. Die steilen Leitern sind allerdings für die Besucher von heute nicht zugänglich.

BESICHTIGUNG

In der Burg können einige Räume und deren Einrichtung besichtigt werden. Im Untergeschoß und im Keller befinden sich die vorwiegend bäuerlich genutzten Räume, während im Obergeschoß die Gemächer der Gerichtsherren zu sehen sind. Besondere Aufmerksamkeit verdienen die **Grafenstube**, der **Mittelsaal**, die alte **romanische Kapelle**, aber auch die im Burghof befindliche neue Burgkapelle, die **Johanniskapelle**. Sie wurde kürzlich restauriert, dabei kamen Fresken der Renaissance zum Vorschein. Zum Gsieser Bach hin gibt es noch einen weiteren weitläufigen Burghof, in dem in den Sommermonaten Veranstaltungen stattfinden.

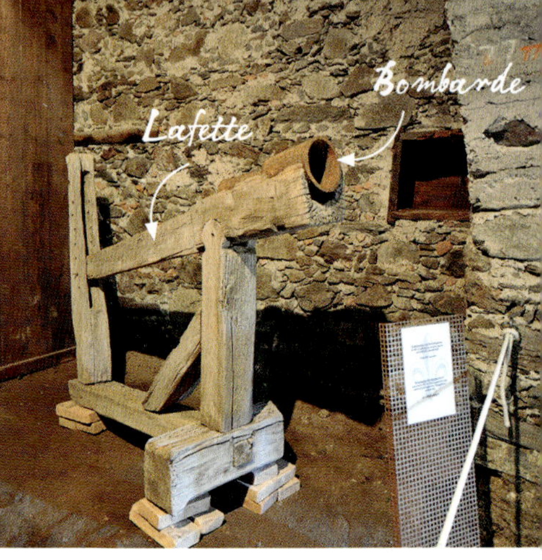

Schildmauer

Dem geübten Auge eines Burgenfreundes zeigt sich im Innenhof unmittelbar hinter dem Torturm eine burgenkundliche Seltenheit: Eine bis zu 2,20 Meter starke und 15 Meter (!) hohe Schildmauer riegelt den vorderen Bereich von der dahinter liegenden Burganlage ab. Sie wird lediglich vom Bergfried unterbrochen und war einst mit einem Wehrgang, der durch den Turm führte, versehen.

Feuerwaffe

In Welsperg hat sich eine **Lafette** aus dem 14. Jh. erhalten. Es handelt sich dabei um ein derb zusammengesetztes, aber zerlegbares Holzgerüst mit einem schwenkbaren Balken, an dessen vorderem Ende ein aus mehreren flachen Eisenringen geschmiedetes Geschützrohr eingelassen wurde. Es wurde von vorne durch den gusseisernen Feuermund mit Schießpulver und einer Kugel als Munition geladen. Diese Welsperger Bombarde ist eine der frühesten bekannten Feuerwaffen des Landes. Explosive Stoffe gibt es zwar bereits seit der Antike, Geschütze jedoch erst seit dem 13. Jh., wobei sie in Tirol erst im frühen 15. Jh. historisch überliefert sind (vgl. Kritzelei auf Trostburg S. 94). Damals lösten Feuerwaffen mit grellem Mündungsfeuer, lautem Geschützdonner und stechendem Pulverdampf die traditionellen Rammböcke, Wurf- und Schleudermaschinen sowie nach und nach Pfeil und Bogen ab.

Die Munition dieser Bombarde war aus Stein. Von Steinmetzen gefertigte Kugeln dienten als Geschosskörper für Bombarden und Katapulte. Sie hatten den Nachteil, beim Aufprall leicht zu zerbersten. Auch die Verstärkung durch überkreuzte Eisenringe konnte dies kaum verhindern. Zwischen 1365 und 1400 wird die Stein- oder Tonkugel allmählich von der kostspieligen Bleikugel (mit Eisenkern) und schließlich von der Eisenvollkugel abgelöst.

VON WELSPERG ZUR RUINE THURN 

Eine Sage erzählt, dass Burg Welsperg über eine Hängebrücke mit der gegenüberliegenden Burg Thurn verbunden gewesen sei. Das klingt wenig wahrscheinlich, aber es gibt die Möglichkeit, hinter der Burgkapelle dem **Lehrpfad** zu folgen, der bereits vom Dorfzentrum Welsberg zum Schloss Welsperg herführte. Über ihn gelangt man durch einen verwunschenen Wald den Steilhang hinunter, über eine den Gsieser Bach querende Holzbrücke steil hinauf zur **Ruine der Burg Thurn** ▪. An dieser Stelle ließ ein Heinrich Füllein – er hatte ein Fohlen als Wappenbild – im Jahre 1288 eine neue Burg errichten; 1359 gelangte sie an die Herren von Welsperg. Das Schloss bestand aus zwei Teilen, einem oberen und einem unteren Schloss. Heute hat sich vor allem der namengebende Turm erhalten. An manchen Stellen erkennt man noch Putzreste, hie und da auch Reste eines Kellenstrichs: Die Maurer ritzten mit dem Stiel der Maurerkelle waagerechte Linien in den noch weichen Verputz, um dem Mauerwerk eine regelmäßige Struktur zu geben. Diese Technik ist typisch für das 12. bis 14. Jh. Sehenswert sind auch die regelmäßigen Steinlagen des Bergfrieds, sie sind typisch für die Mauertechnik des 12. und 13. Jh.
Von Thurn steigen wir wieder ab in den Bachgrund, bleiben aber auf der rechten Bachseite und spazieren auf der alten Gsieser Straße zurück nach Welsberg.

→ *Gehzeit: ca. 1½ h, 2,5 km, ca. 150 Hm*

SEIT DER BURGGRÜNDUNG IN FAMILIENBESITZ

Die Ursprünge von Burg Welsperg reichen in das 12. Jh. zurück. Mit dem Aussterben der älteren Herren von Welfsperg, die wohl Vögte der Hofmark Innichen waren, ging die Burg um 1285 an ein jüngeres Rittergeschlecht gleichen Namens über. Es überließ die Verwaltung der Burg aber meist einer Nebenlinie. Noch heute ist die Burg Eigentum ihrer Nachkommen, der Grafen Thun-Hohenstein-Welsperg, wird aber von einem Kuratorium äußerst liebevoll erhalten und gepflegt.

INFOS IN KÜRZE

Schloss Welsperg, Kuratorium Schloss Welsperg, Schlossweg 10, Welsberg-Taisten, Tel. 0474 944118 (Tourismusverein), www.schlosswelsperg.com

Geöffnet Anf. Juli – erste Sept.-Woche: Mo.–Fr. 10–17 Uhr, So. 15–18 Uhr, Sa. geschlossen; danach bis Mitte Sept.: Mo.–Fr. 13.30–15.30 Uhr; ca. 20. Sept. – Ende Okt: Do. 13.30–15.30 Uhr

Erwachsene: 3 €, Kinder von 6 bis 12 und Senioren über 65: 2 €

Burg Welsperg ist ab dem Ortszentrum von Welsberg gut ausgeschildert und über den Schlossweg in etwa 20 Min. erreichbar.

Pustertalbahn, Bahnhof Welsberg (ca. 400 m Gehweg bis ins Dorfzentrum)

Parkplatz am Schlossweg, von dort sind es nur wenige Schritte bergan, bis man die Burganlage im Blick hat.

In Schloss Welsperg gibt es keine Einkehr. **Restaurant/Pizzeria Goldener Löwe**, Hauptplatz 4, Welsberg, Tel. 0474 944547 **Gabi's Pizza Restaurant**, Pustertaler Str. 6a, Welsberg, Tel. 0474 944681, www.gabis-pizza-restaurant.com **Restaurant Walde Alm**, ca. 10 Fahrminuten südwestlich vom Dorfzentrum, Ried 14, Welsberg, Tel. 0474 944004, www.waldealm.it

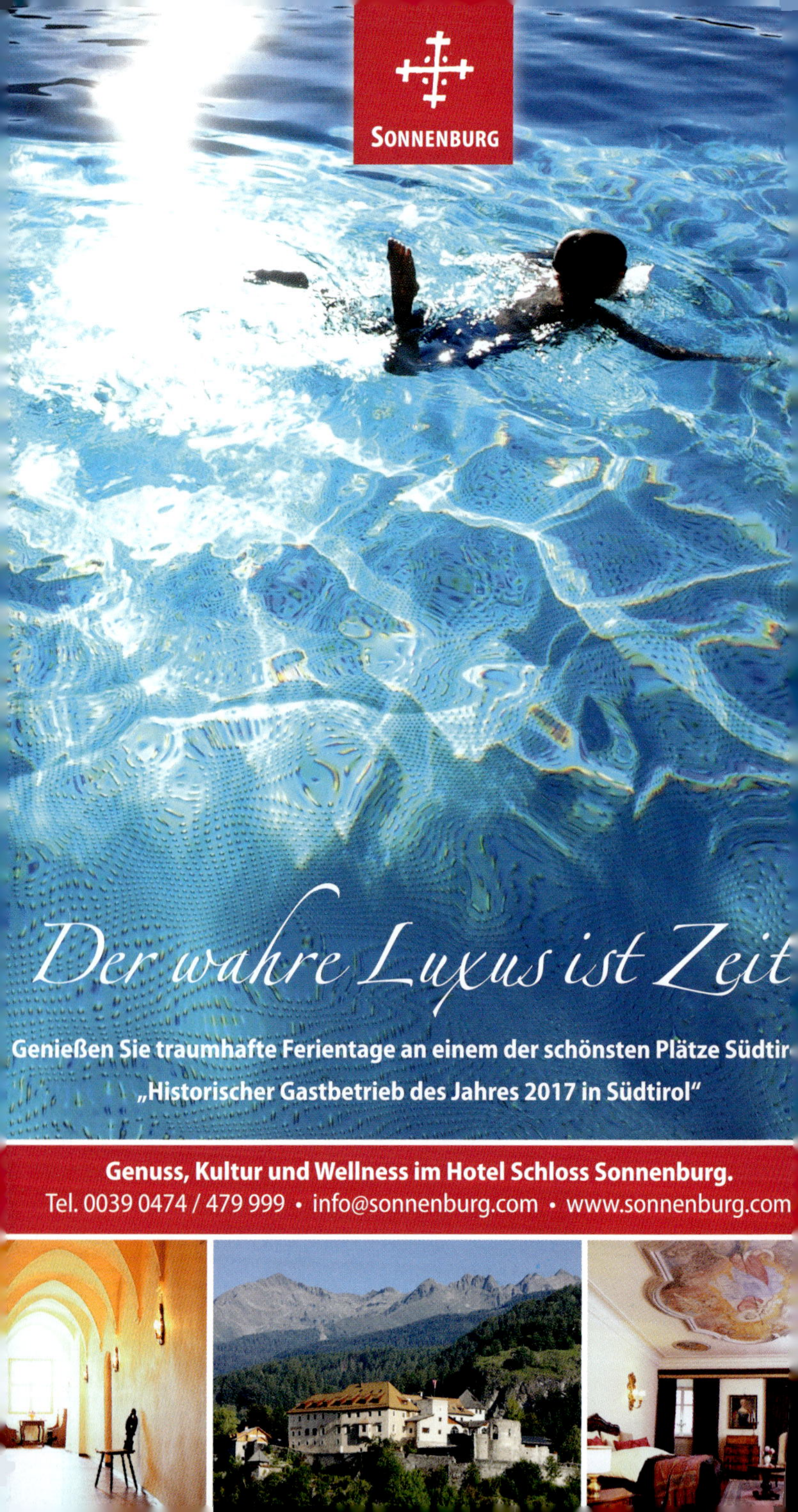
SONNENBURG
Der wahre Luxus ist Zeit
Genießen Sie traumhafte Ferientage an einem der schönsten Plätze Südtir
„Historischer Gastbetrieb des Jahres 2017 in Südtirol“
Genuss, Kultur und Wellness im Hotel Schloss Sonnenburg.
Tel. 0039 0474 / 479 999 • info@sonnenburg.com • www.sonnenburg.com

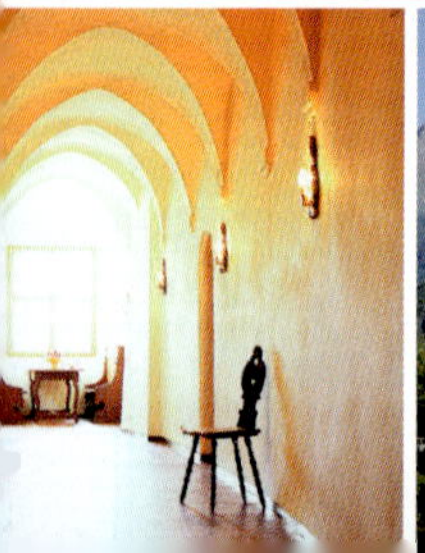

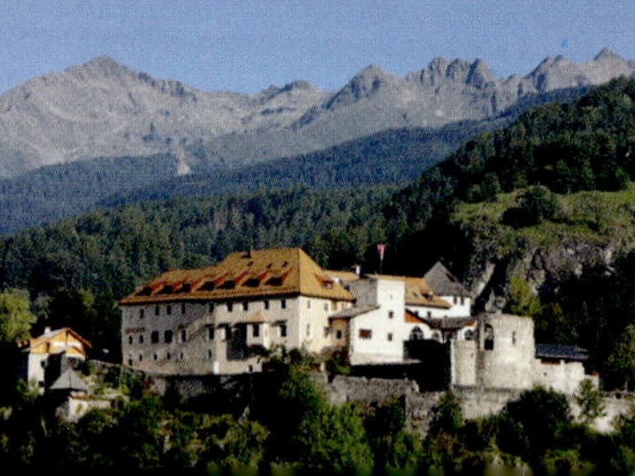

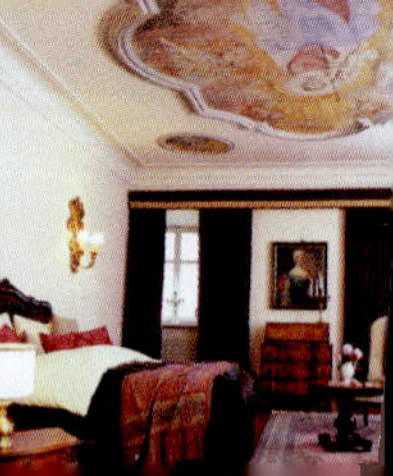